医药卫生专业（本科）通用教材

医学文献检索

第2版

李桂芳 主编

安徽大学出版社

图书在版编目(CIP)数据

医学文献检索 / 李桂芳主编. —2版. —合肥:安徽大学出版社,2009.8(2019.8重印)
ISBN 978-7-81110-199-7

Ⅰ.①医… Ⅱ.①李… Ⅲ.①医学—情报检索—高等学校—教材 Ⅳ.①G252.7

中国版本图书馆 CIP 数据核字(2009)第134578号

医学文献检索(第2版)   李桂芳 主编

出版发行	安徽大学出版社	印刷	合肥添彩包装有限公司
	(合肥市肥西路3号 邮编230039)	开本	787×1092 1/16
联系电话	编辑室 0551-65108812	印张	11.25
	发行部 0551-65107716	字数	261千
E-mail	xixiwoo@126.com	版次	2009年8月第2版
责任编辑	徐 建	印次	2019年8月第3次印刷
封面设计	孟献辉		

ISBN 978-7-81110-199-7   定价 29.00元

如有影响阅读的印装质量问题,请与出版社发行部联系调换

编写人员

主　　编　李桂芳
副 主 编　熊慧萍　余　鸣　朱康玲
编写人员（按姓氏笔画排序）
　　　　　　朱康玲　余　鸣　李桂芳
　　　　　　陈　辉　金新建　熊慧萍

前 言

21世纪信息技术迅猛发展,特别是网络技术已经渗透到社会生活的各个方面,推动着各行各业的进步,终生学习、如何学习、能力导向学习和开放学习成为新的教育理念的重要内容。所谓信息素养或信息能力是指使用计算机和信息技术高效获取、正确评价和善于利用信息的能力。医学文献检索课程是信息素养教育的重要内容,是培养学生的信息意识,提高学生自学能力和独立研究问题能力的工具课。

1984年,教育部颁发了《关于在高等学校开设文献检索与利用课的意见》,并以(84)教高字04号文件的形式下发到各高校,我校于1985年开办"医学文献检索与利用课",1999年编写了《医学文献检索》教材由安徽大学出版社出版,供全校本科生和研究生使用,并于2002年进行了修订。2006年我们又编写了《医学信息检索与利用》作为研究生教材。

计算机信息技术和网络技术的日新月异,网上医学资源的不断丰富,基于网络的各类数据库也在不断增加,对本科生教材旧版的修订再版已是迫在眉睫,本次教材有些章节内容变化较大,如中国生物医学文献服务系统(SinoMed)、Springer Link等。

本书的作者均为长期从事医学文献检索的教学和研究人员,她们既具有一定的文献检索的教学经验,又具有较强的计算机应用能力和较好的英语水平。

本书共分七章,重点介绍了国内外医学信息资源,并用大量的篇幅介绍了中外文文摘数据库以及中外文全文数据库,书中附有大量图片和检索实例。

该书的出版得到了安徽医科大学教材科的大力支持,在此表示感谢。

由于作者水平有限,书中难免有错漏之处,恳请广大读者指正。

编 者

2009年7月8日

目 录

前 言 1

第一章 概论 1
第一节 文献的基本知识 1
第二节 文献检索的基本知识 7
第三节 计算机检索与数据库 18
第四节 怎样利用图书馆 22

第二章 文摘数据库检索 26
第一节 中国生物医学文献服务系统(SinoMed) 26
第二节 PubMed 43
第三节 Biosis Previews 59
第四节 EMBASE 65
第五节 Chemical abstracts 69

第三章 中文全文数据库检索 75
第一节 中国知网数据库 75
第二节 万方数据知识服务平台 81
第三节 维普信息资源系统 85

第四章 英文全文数据库检索 91
第一节 EBSCO 全文数据库 91
第二节 Springer Link 97
第三节 Wiley interscience 数据库 101
第四节 Elsevier Science(SDOS) 105

第五节　免费电子期刊 …………………………………………… 110
　　第六节　其他外文全文数据库 …………………………………… 116

第五章　引文索引数据库 ……………………………………………… 121
　　第一节　ISI Web of Science …………………………………… 122
　　第一节　中文引文索引数据库 …………………………………… 125
　　第三节　期刊引用报告 …………………………………………… 129

第六章　网络特种文献检索 …………………………………………… 131
　　第一节　循证医学文献检索 ……………………………………… 131
　　第二节　药物信息检索 …………………………………………… 138
　　第三节　学位论文检索 …………………………………………… 142
　　第四节　其他特种文献检索 ……………………………………… 152

第七章　重要医学网站 ………………………………………………… 156
　　第一节　美国国立卫生研究院 …………………………………… 156
　　第二节　美国国立医学图书馆 …………………………………… 159
　　第三节　美国国立癌症研究所 …………………………………… 162
　　第四节　世界卫生组织 …………………………………………… 164
　　第五节　美国疾病控制与预防中心 ……………………………… 166
　　第六节　国内医学网站 …………………………………………… 168

参考文献 ………………………………………………………………… 171

第一章 概论

医学文献检索课程是信息素养教育的重要内容,是培养学生的信息意识,掌握用手工和计算机方式从浩瀚的信息海洋中获取知识和情报的一门科学的方法课。其目的在于通过学习,掌握医学文献检索的基本原理和基础知识,学会使用检索工具,并能熟练、准确、快捷地获取医学信息,以提高学生自学能力和自我更新知识的能力。

第一节 文献的基本知识

一、信息

信息是生物以及具有自动控制系统的机器通过感觉器官和相应的设备与外界进行交换的一切内容。信息是事物存在和运动状态及其特征的反映。不同的运动状态和特征会产生不同的信息反映,如社会信息、生物信息等。在医学上,各种体征的出现和变化是反映疾病的信息,各种化验结果的数据也是疾病反映的信息。信息是无形的,但它是客观存在的,是认识事物发展的基础,但人们发现和认识信息都受到生产力、科技水平及认识手段的局限,人类发展的历史是在不断获取信息、认识信息、传递和利用信息、创造信息的过程中,通过信息认识世界与改造世界。

二、知识

知识是人们通过信息对自然界、人类社会以及思维活动规律的认识与掌握,是人的大脑通过思维重新组合的系统化信息的集合。知识是人类对各种大量信息进行思维分析、加工提炼,并加以系统和深化而形成的结果。

知识是客观存在的事物的现象,是事物的本质和规律的反映,是人类实践的总结。医学知识是对人体生命、健康、疾病现象本质规律的认识,它来源于实践,通过长期实践、积累、优化、系统化而逐渐形成,因此它是医学信息的一部分,只有系统化的信息才是知识。

三、情报

情报是一种活化的信息和知识,是一种动态的信息和知识,它能被利用、被活化,否则它仍然是知识、信息的客观存在。信息要成为情报,一般要经过选择、综合、分析和研究加工过程,即经过知识的阶段才能成为情报,因此它具有三种基本属性:知识、传递和效益。知识是情报的实体,传递是情报的表现形式,效益是情报的结果。医学情报就是人类同疾病作斗争中对医药信息经过综合、筛选、逻辑思维、重新组合的系统化知识。

因此,情报就是信息,是针对一定对象的需要而传递有参考价值的新信息和新知识;是为了解决一个特定的问题所需要的知识;是判断、意志、决心、行动所需要的能指引方向的知识和智慧。

信息、知识和情报三者的关系:信息包含知识,知识是信息的一部分,情报包含信息和知识的特征,是活化的知识,能为人们所利用,其逻辑关系是信息＞知识＞情报,而信息、知识、情报是文献的实质性内容。

四、文献

(一)文献的定义

国家标准《文献著录总则》对文献的定义为"文献:记录有知识的一切载体"。现在,一般认为:"凡属于人类的知识,用文字、图形、符号、声频、视频等手段记录保存下来,并用以交流传播的一切物质形态的载体,都统称为文献"。

文献具有知识、载体、信息符号和记录方式四个要素,是信息、知识、情报的主要载体形式。人类社会利用文献或文献进行交流,其实质是利用和交流文献中的信息、知识和情报。

(二)文献的基本属性

1. 知识性:知识性是文献的本质,离开知识信息,文献便不复存在;

2. 传递性:文献能帮助人们克服时间与空间上的障碍,在时空中传递人类已有的知识,使人类的知识得以流传和发展;

3. 动态性:文献并非处于静止状态,其载体形式和蕴含的知识信息将随着人类社会和科技的发展而不断有规律地运动和变换着。

(三)文献的特点

1. 数量大、增长速度快

随着科学技术和社会生活的飞速发展,人类知识总量在迅速猛增。文献作为存储、传播知识的载体,随着知识量的增加其数量也在激增,而且增长速度很快。据统计,目前全世界每年出版图书 80 万种,期刊 40 万种,其他文献信息资料 400 万种,发表科学论文大约 500 万篇,每天约有 40 亿个信息单位的信息量向全世界发送。

文献数量的激增,一方面表明文献信息资源的丰富,但同时也产生了"文献信息污染",给人们选择、利用文献,获取所需信息造成了障碍。

2. 分布集中又分散

随着现代科学技术的日益综合与细化,各学科之间的严格界限日趋淡化,学科之间的相互联系、交叉渗透逐渐增强。这使文献的分布呈现出集中又分散的现象,即某一专业的大部分文章发表在少量的专业性期刊中,而另外一部分文章则刊载在大量的相关专业,甚至不相关专业的杂志中。文献的这种分布现象是普遍存在的,它提示人们在收集文献信息时,应首先选择本专业的核心期刊。

可以使用有关的工具来了解某专业的核心期刊,如《中文核心期刊要目总览》(北京大学出版社 2008 年版)、《国外科学技术核心期刊总览》(2004 年版)、《国外人文社会科学核心期刊总览》(2004 年版)等。

3.时效性增强

随着科学技术的发展,新知识、新理论、新技术、新产品层出不穷,加速了知识的新陈代谢,随之造成了文献的新陈代谢,使文献老化加速。通常用文献的"半衰期"来描述文献老化情况。所谓文献的半衰期是指某学科领域目前尚在使用的全部文献中,较新的一半所出版的年限。国外有人统计不同学科文献的半衰期为:植物学 10 年、化学 8.1 年、生理学 7.2 年、社会科学 5 年、生物医学 3 年。由于各国科技发展水平不同,相应的文献寿命也不相同。

4.内容交叉重复

现代科学技术综合交叉、彼此渗透的特点,导致知识的产生和文献的内容也相互交叉、彼此重复。具体表现为:①同一内容的文献以不同文字发表。②同一内容的文献以不同形式出版。

5.载体增多

随着声、光、电、磁等技术和新材料的广泛应用,新型文献载体不断涌现,已形成多种文献载体相互依存、相互补充、共同发展的趋势。

6.语种增多

据 ISDS(International Serials Data System)报道,世界上连续出版物使用的语种多达 144 种,常用的就有 10 多种,其中英文约占 42%。

(四)文献的类型:

1.按载体形式分:

(1)印刷型:印刷型文献既是文献信息资源的传统形式,也是现代文献信息资源的主要形式之一。主要特点是便于阅读和流通,但因载体材料所存储的信息密度低,占据空间大,难以实现加工利用的自动化。

(2)缩微型:是指采用照相技术,将文献按一定的比例,缩小存储在感光胶卷或平片上,通过专门的阅读机进行阅读。其特点是存储容量较纸张型大,保存期比纸张型长,但需要一定的设备进行阅读。

(3)声像型:以磁性和光学材料为载体,采用磁录技术和光录技术将声音和图像记录存储在磁性或光学材料上,主要包括唱片、录音录像带、电影胶卷、幻灯片等。主要特点是存储信息密度高,用有声语言和图像传递信息,内容直观,表达力强,易被接受和理解,但须借助于一定的设备才能阅读。

(4)电子型:采用电子手段,将文献信息数字化(通过编码和程序设计将文献的原有语言形式变成计算机可存取、阅读的数字化形式),储存于光盘、硬盘等载体上,并借助于计算机及现代化通讯手段传播利用的一种新的文献类型。主要包括电子期刊、电子图书及各种类型的数据库等。

电子出版物的问世是信息时代的重要标志,它不仅改变了书刊的物理形态,而且开辟了一种新的信息传播渠道,极大地提高了文献信息的传递效率,加快了社会信息化的进程。目前,电子型文献信息正以其容量大、形式多、出版快、成本低,以及检索、阅读、复制便捷等独特的优点为越来越多的人所接受和利用。

2.按出版形式分

(1)图书:是对已发表的科研成果、生产技术和经验的总结性的概括论述。供读者阅读的书籍:如教科书、参考书、专著等;供读者检索参考之用的工具书:如字典、百科全书、年鉴等。正式出版的图书都有 ISBN 号,即国际标准书号(International Standard Book Number)。电子图书(electronic book),也称"数字图书"或 ebook,它是把传统的文字符号转化为数字符号的一种新的出版方式。如:超星、书生之家、中国数字图书馆和 Apabi 等。

(2)期刊:一种定期或不定期的连续性出版物,每期版式基本相同,有固定的刊名,有连续的年、卷、期号。如:杂志、学报、通报、综述与述评、索引、文摘等。同图书一样,正式出版的期刊也有国际标准连续性出版物编号 ISSN(International Standard Series Number)。电子期刊系指利用计算机、光盘和通信网络等媒体以连续性方式出版发行的机读型期刊。

期刊是科研课题工作的主要文献源、信息源、情报源。医学科研工作者依靠期刊来及时跟踪最新的国际国内的研究动向、把握科研的主动权。

1)核心期刊:是指刊载某学科文献密度大、载文率、被引用率及利用率较高,深受本学科专家和读者关注的期刊。

在期刊论文的分布中,存在一种普遍现象;即对于某一特定的学科或专业来说,少数期刊所含的相关情报量很大,而多数期刊的情报量却很小;也就是说,世界上大量的科学论文集中在少量的科学期刊中。这就是所谓的"核心期刊效应"。其结果是产生了各个学科或专业的"核心期刊"。

评价核心期刊的常用方法有:

①载文率法:统计一定时间内刊载某一学科或专业论文的期刊的载文量,并按降序排列,取其载文率较高的为核心期刊。

②文摘法:根据被二次文献摘录的频率大小将期刊依次排成顺序目录,并以此作为期刊重要程度及选择的依据。凡期刊中被摘录或索引的论文数量较大者,可选为核心期刊。

③流通率法:对馆藏期刊在一定时间内的出借次数、馆内阅览次数、复制量及外借文献的使用次数进行统计分析,流通率高的即为核心期刊。

④引文法:统计科学期刊在一定时间内被引用的次数,并按降序排列,取其被引次数较高的为核心期刊。

《中文核心期刊要目总览》(2008年版)对中文期刊进行定量评价,采用了被索量、被摘量、被引量、他引量、被摘率、影响因子、获国家奖或被国内外重要检索工具收录、基金论文比、Web 下载量等9个评价指标,选作评价指标统计源的数据库及文摘刊物达80余种,统计文献量达32 400余万篇次(2003至2005年),涉及期刊12 400余种。本版还加大了专家评审力度,5500多位学科专家参加了核心期刊评审工作经过定量评价和定性评审,从我国正在出版的中文期刊中评选出1980余种核心期刊,分属七大编73个学科科目。该书由各学科核心期刊表、核心期刊简介、专业期刊一览表等几部分组成,不仅可以查询学科核心期刊,还可以检索正在出版的学科专业期刊,是图书情报等部门和期刊读者不可或缺的参考工具书。《期刊引用报告》(简称 JCR)(Journal Citation Reports)由美国科技信息研究所(ISI)编辑出版。JCR 数据库是在 SCI 数据库的基础上,用计算机对期刊文献引用与被引用情况进行系统地归类、整理、分析而得出的结果。它是目前国际上一种权威的用于期刊评价的工具或数据库。

2)文献标识码:由国家新闻出版署印发的《中国学术期刊(光盘版)》检索与评价数据规范》,规定为便于文献统计和期刊评价,确定文献检索范围,提高检索结果的适用性,每篇文章可按5类不同类型标识一个文献标识码。

A——理论与应用研究学术论文(包括综述报告);

B——实用性技术成果报告(科技)、理论学习与社会实践总结(社科);

C——业务指导与技术管理性文章(包括领导讲话、特约评论等);

D——一般动态性信息(通讯、报道、会议活动、专访等);

E——文件、资料(包括历史资料、统计资料、机构、人物、书刊、知识介绍等)。

说明:①不属于上述各类的文章以及文摘、零讯、补白、广告、启事等不加文献标识码。②凡中文文章的文献标识码以"文献标识码:"或"[文献标识码]"作为标识,如:文献标识码:A 或 [A];③英文文章的文献标识码以"Document code:"作为标识。

参考文献类型标识码:M——专著;C——论文集;N——报纸文章;J——期刊文章;O——论文;R——报告;S——标准;P——专利;A——专著、论文集中的析出文献;Z——其他未说明文献。示例:

①徐利治,郑毓信.数学模式论[M].南宁:广西教育出版社,1993。

②邵晶.我国大学图书馆虚拟馆藏资源的组织与提示的思考[J].大学图书馆学报,2001.(1):37-39。

3)影响因子:指某期刊前两年发表的论文在评价当年被引用的次数与该刊前两年发表发表论文总数之比值。如:

某刊2008年影响因子=(该刊2006年和2007年发表的论文在2008年的所有被引次数)÷(该刊2006年和2007年发表论文的总数)。

由期刊影响因子的计算公式可以知道,期刊的影响因子是一个动态的指标,每年的影响因子不是一成不变的。

所谓影响因子的概念,仅对期刊而言,对于具体的某篇论文,是没有影响因子的,单篇论文只能以被引几次来评价。

期刊影响因子是一个国际上通行的期刊评价指标,是美国E.加菲尔德于1972年提出的,是对文献或文献集合获得客观响应,反映其重要性的宏观度量。由于它是一个相对统计量,所以可以比较公平地评价和处理各类期刊。通常影响因子越大,它的学术影响力和作用也越大。利用期刊的影响因子,可以帮助选购馆藏期刊,指导读者和作者投稿、确定核心期刊,观察学科发展。

4)电子期刊:又名电子杂志或数字化期刊。是指通过电子媒体出版发行的期刊。

(3)资料:无法归入图书或期刊的文献,比如科技报告、学位论文、专利说明书、标准文献、会议文献、政府出版物、科技档案等,属于特种文献。特种文献反映了最新的研究和技术以及国家的法规、标准定义等信息,也是医学科研的重要信息源。

1)科技报告(Technical Report):科技报告是报道研究工作和开发调查工作的成果或进展情况的一种文献类型。注重详细记录科研进展的全过程,大多数科技报告都与政府的研究活动、国防及尖端科学技术领域有关。其撰写者或提出者,主要是政府部门、军队系统的科研机构和一部分由军队、政府部门与之签订合同或给予津贴的私人公司、大学等,即所谓"合同户"或资助机构。科技报告所报道的内容一般必须经过有关主管部门的审查与鉴定,因此具有较好的成熟性、可靠性和新颖性,是一种非常重要的学术信息资源。

2)学位论文(Dissertation):学位论文是本科生、研究生为取得专业资格的学位而撰写的学术性研究论文,包括学士论文、硕士论文、博士论文三种。学位论文上注明了授予的学位头衔,授予学位的单位名称、时间、地点等。博士、硕士论文的质量较高,其中不乏很有创见性的观点或有实际应用价值的研究成果,探讨的问题比较专深,对问题的阐述较为系统详细,具有较高的参考价值,是较重要的文献信息源。学位论文是非卖品,不对外发行,报道分散,一般由授予学位的学校或研究所收藏。一些学校建立了本校学位论文数据库,并提供网上服务。

3) 专利文献(Patent):专利文献主要指技术发明详细内容及被保护的技术范围的各种发明说明书,或称专利说明书。是一种用法律形式来保护的文献。专利文献内容具体、可靠,它介绍的技术具有新颖性、创造性和实用性,是一种可靠的信息源。包括专利说明书、权利说明书、摘要、附图等。

4) 标准文献(Standard Literature):标准文献是对工农业产品和工程建设的质量、规格及其检验方法所作的技术规定,是从事生产、建设的一种共同技术依据,是需共同遵守的具有法律约束性的技术文件;每一件技术标准都是独立、完整的资料,都有其编号,即标准号。标准号由"标准代号＋序号＋年代号"组成,如:GB3792—2—85 代表第 3792.2 号国家标准,1985 年发布。

5) 会议文献(proceedings):是科技工作者在各种学术会议上,交流科研新成果、新进展及发展趋势的讨论记录或论文等。特点是获得信息直观,反馈迅速。

6) 政府(组织)出版物(Government Publication):政府出版物是各国政府部门及其所属机构发表、出版的文献。其内容可分为行政性文件和科技文献。前者包括国会记录、方针、政策、决议、立法司法资料、规章制度及调查统计资料等;后者包括科技研究报告、科普资料及科技成果的公布等,约占政府出版物的 30%～40%左右。

7) 科技档案(science and technology archives):科技档案是研究部门和生产单位在科学研究、生产实践中所形成的有具体工程对象或科研对象的真实记录材料,有图样、照片、图表、原始记录及其复制本文献。科技档案包括任务书、协议书、审批文件、研制计划、方案、技术调查材料、技术措施、试验项目、试验方案、试验数据、设计图纸、生产工艺记录等等。科技档案记录内容真实、准确、可靠,它反映了生产和科技活动的全过程,以及最后结果。科技档案是生产科研中能借以积累经验,吸取教训和提高质量的重要参考文献。

3. 按文献内容的加工深度分:

(1) 一次文献:即原始文献,通常指作者的原始创作,是指以作者本人的研究工作或研制成果为依据撰写,已公开发表、发行进入社会流通使用的专著、学术论文、专利说明书、科技报告等。因此,一次文献信息资源包含了新观点、新发明、新技术、新成果,并能提供新的知识信息,是创造性劳动的结晶,具有创造性的特点,有直接参考、借鉴和使用的价值,是检索和利用的主要对象。

(2) 二次文献:是对一次文献信息资源进行整理、加工的产品。即把大量的、分散的、无序的一次文献信息资源收集起来,按照一定方法进行整理、加工,使之系统化而形成的各种目录、索引和文摘,或各种书目型数据库。因此,二次文献信息资源仅是对一次文献信息资源进行系统化的压缩,无新的知识信息产生,具有汇集性、检索性的特点。它的重要性在于提供了一次文献信息资源的线索,是打开一次文献信息资源知识宝库的钥匙,可节省查找知识信息的时间。

(3) 三次文献:是根据一定的目的和需求,在大量利用一、二次文献信息资源的基础上,对有关知识信息进行综合、分析、提炼、重组而再生成的信息资源。如各种教科书、技术书、参考工具书、综述等都属三次文献的范畴。三次文献具有综合性高、针对性强、系统性好、知识信息面广的特点,有较高的实际使用价值,能直接提供参考、借鉴和利用。

(4)零次文献:零次文献指未经信息加工,直接记录在载体上的原始信息。如实验数据、观测记录、调查材料等。这些未融入正式交流渠道的信息,往往反映的是研究工作取得的最新发现,或是遇到的最新问题,或是针对某些问题的最新想法等,而这一切无疑是启发科研人员的思路、形成创造性思维的最佳参考素材。

此外,学术界还常将通过非正常交流渠道获得的、非正式出版物称作灰色文献。灰色文献和零次文献的概念内涵虽有一定程度的重叠,但作为一般的专业人员可不必严格区分这两个概念。

综上所述,文献信息资源从一次、二次到三次是一个从不成熟到成熟,由分散到集中,由无序到有序,对知识信息进行不同层次加工的过程。每一过程所含知识信息的质和量都不同,对利用知识信息所起的作用也不同。一次文献是最主要的信息资源,是检索和利用的主要对象。二次文献是一次文献集中提炼和有序化,是检索文献的工具。三次文献是将一、二次文献,按知识门类或专题重新组合高度浓缩而成的知识产品,是查询数据和事实的主要信息资源。

第二节 文献检索的基本知识

一、文献检索

文献检索:指从文献信息集合中查找所需文献或文献中包含的信息内容的过程。广义的文献检索包括存储和检索两者的过程和技术;而狭义的文献检索是从用户的角度来理解,仅指从已经存储的具有检索功能的文献信息集合中查询出所需文献的过程。

文献检索的实质:是将描述特定用户所需信息的提问特征,与信息存储的检索标识进行异同的比较,从中找出与提问特征一致或基本一致的信息。提问特征是对信息的需求进行分析,从中选择出代表信息需求的主题词、分类号或其他符号。例如,要查找关于"艾滋病的药物疗法"方面的文献,根据信息需求的范围和深度,可选择"AIDS、艾滋病、爱滋病、获得性免疫缺陷综合征"和"药物疗法、药物治疗"提问特征。检索标识是信息存储时,对信息内容进行分析,提出能代表信息内容实质的主题词、分类号或其他符号。例如,在分析、标引、存储有关"艾滋病的药物疗法"方面的文献时,可选择"获得性免疫缺陷综合征"和"艾滋病"或"药物疗法"等作为存储和检索的标识。检索时,将提问特征同检索标识进行对比匹配,若达到一致或部分一致,即为所需信息。

二、文献检索系统

文献信息检索系统是拥有一定的存储、检索技术装备,存储有经过加工的各类信息,并能为信息用户检索所需信息的服务工作系统。检索系统由下列要素构成:①信息数据库;②存储、检索信息的装备;③存储、检索信息的方法;④系统工作人员;⑤信息用户。因而,信息检索系统具有吸收信息、加工信息、存储信息和检索信息等功能。信息检索系统按使用的技术手段可分为手工检索系统、机械检索系统和计算机检索系统。目前,常用的是手工检索系统和计算机检索系统。

(一)手工检索系统

又称"传统检索系统",是用人工查找信息的检索系统。其主要类型有各种书本式或卡片的目录、题录、文摘和各种参考工具书等。检索人员可与之直接"对话",具有方便、灵活、判断准确,可随时根据需求修改检索策略,查准率高的特点。但由于全凭人的手工操作,检索速度受到限制,也不便于实现多元概念的检索。

(二)计算机检索系统

又称"现代化检索系统",是用计算机技术、电子技术、远程通信技术、光盘技术、网络技术等构成的存储和检索信息的检索系统。存储时,将大量的各种信息以一定的格式输入到系统中,加工处理成可供检索的数据库。检索时,将符合检索需求的提问式输入计算机,在选定的数据库中进行匹配运算,然后将符合提问式的检索结果按要求的格式输出。主要特点是:①检索速度快,能大大提高检索效率,节省人力和时间;②采用灵活的逻辑运算和后组式组配方式,便于进行多元概念检索;③能提供远程检索。

计算机检索系统,按使用的设备和采用的通信手段,可分为联机检索系统、光盘检索系统和网络检索系统。

联机检索系统主要由系统中心计算机和数据库、通信设备、检索终端等组成,能进行实时检索,具有灵活、不受地理限制等优点,但检索费用较高。

光盘检索系统主要由光盘数据库、光盘驱动器、计算机等组成,具有易学易用、检索费用低的优点,根据使用的通信设备,又可分为单机光盘检索系统和光盘网络检索系统。

网络检索系统是将若干计算机检索系统用通信线路联结以实现资源共享的有机体,是现代通信技术、网络技术和计算机技术结合并高度发展的产物,它使各大型计算机信息系统变成网络中的一个节点,每个节点又可联结很多终端设备,依靠通信线路把每个节点联结起来,形成纵横交错、相互利用的信息检索网络。

三、文献检索的基本原理及检索技术

(一)检索基本原理

原理:检索者将检索提问标识与存储在检索工具或检索系统中的文献特征标识进行比较,相一致的则从检索工具或检索系统中输出。

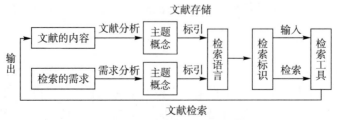

图1-2-1 检索基本原理示意图

(二)检索技术

用户的检索要求有时比较复杂,一个检索词往往不能全面、准确地说明问题,同时使用若干个检索词,就必须采用一定的技术和方法来表达或规定各个检索词之间的逻辑关系即信息检索技术。在现代信息检索系统目前经常使用的相关技术主要有:布尔逻辑检索、位置检索、截词检索、限定字段检索等。

1 布尔检索:利用布尔逻辑算符进行检索词的逻辑组配,是常用的一种检索技术。

(1)布尔逻辑算符的形式及含义:

1)逻辑与:逻辑与是一种具有概念交叉或概念限定关系的组配,用"+"或"AND"算符表示。

检索词 A 与检索词 B 用 AND 组配,提问式可写为:$A\ AND\ B$ 或者 $A * B$

例如要检索"糖尿病与胰岛素"方面的有关信息,采用"逻辑与"组配,糖尿病 AND 胰岛素,它包含了"糖尿病"和"胰岛素"两个主要的独立概念应同时包含在一条记录中。"逻辑与"组配的结果如图(a)所示。使用"逻辑与"组配技术,缩小了检索范围,增强了检索的专指性,提高查准率。

2)逻辑或:逻辑或是一种具有概念并列关系的组配,用"+"或"OR"算符表示。检索词 A 与 B 用 OR 组配,提问式可写为:$A\ OR\ B$ 或者 $A + B$

例如要检索"癌症"方面的信息,用"癌症"和"肿瘤"两个同义词来表达,采用"逻辑或"组配,Cancer(癌)OR tumor(瘤)即表示这两个并列的同义概念分别在一条记录中出现或同时在一条记录中出现。"逻辑或"组配的结果如图(b)所示。使用"逻辑或"检索技术,扩大了检索范围,提高查全率。

3)逻辑非:逻辑非是一种具有概念排除关系的组配,用"-"或"NOT"算符表示。

检索词 A 与检索词 B 用 NOT 组配,提问式可写为:$A\ NOT\ B$ 或者 $A - B$

例如,检索"心脏疾病但不包括心律失常"方面的文献,采用"逻辑非"组配,heart disease(心脏疾病)NOT arrhythmia(心律失常),表示从"心脏疾病"概念中检索出的记录中排除含有"心律失常"的记录。"逻辑非"组配结果如图(c)所示。使用"逻辑非"可排除不需要的概念,提高查准率,但也易将相关的信息剔除,影响检索信息的查全率,因此,使用"逻辑非"检索技术时要慎重。

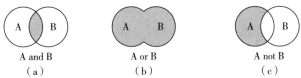

图 1-2-2 布尔逻辑运算示意图

(2)布尔逻辑算符的运算次序:用布尔逻辑算符组配检索词构成的检索提问式,逻辑算符 AND、OR、NOT 的运算次序,在不同的检索系统中有不同的规定。在有括号的情况下,括号内的逻辑运算先执行。在无括号的情况下,有下列几种处理顺序:

NOT 最先执行,AND 其次执行,OR 最后执行;

AND 最先执行,NOT 其次执行,OR 最后执行;

OR 最先执行,AND 其次执行,NOT 最后执行。

按自然顺序,AND、OR、NOT 谁在先就先执行谁。

作为检索人员,需要事先了解检索系统的规定,避免逻辑运算次序处理不当而造成错误的检索结果。因为,对同一个布尔逻辑提问式,不同的运算次序会有不同的检索结果。

2. 词位检索

词位检索是以数据库原始记录中的检索词之间的特定位置关系为对象的运算,又称"全文检索"。在不同的检索系统中,位置逻辑算符的种类和表达形式不完全相同,使用词位检索技术时,应注意所利用系统的使用规则。这里以 Medline CD-ROM 系统常用的位置逻辑符为例,说明其检索技术如下。要求原始记录中检索词之间的相互位置满足某些条件时要使用位置算符,常用的位置算符有 with、near 等。

(1)with 算符:表示此算符两侧的检索词在命中记录中必须出现在同一字段中,即同时出现于篇名或文摘中等,但前后位置可以颠倒。

(2)near 算符:表示此算符两侧的检索词的距离最近。A near B 的检索结果是 A 与 B 必须同时出现在一句话中,无论语序,二者之间最多可相隔 $n-1$ 个单词。

词位检索是一种可以不依赖叙词表而直接使用自由词进行检索的一种技术。这种检索技术增强了选词的灵活性,采用具有限定检索词之间位置关系功能的位置逻辑符进行组配运算,可弥补布尔检索技术只是定性规定参加运算的检索词在检索中的出现规律满足检索逻辑即为命中结果,不考虑检索词词间关系是否符合需求,而易造成误检的不足。

3. 截词检索

截词检索是预防漏检提高查全率的一种常用检索技术,大多数系统都提供截词检索的功能。截词是指在检索词的合适位置进行截断,然后使用截词符进行处理,可节省输入的字符,又可达到较高的查全率。尤其在西文检索系统中,使用截词符处理自由词,对提高查全率的效果非常显著。在截词检索技术中,较常用的是后截词和中截词。这里仍以 medline CD-ROM 系统使用的符号为例,说明其截词技术如下。

(1)后截词:将截词符号放在一个字符串的右方,以表示其右的有限或无限个字符不影响该字符串的检索。例如:hyperthyr * 可查到 hyperthyre、hyperthyreosis、hyperthyroid、hyperthyroidosis、hyperthyroidism 等。涉及到词的单复数、作者、年代、同根词等方面的检索时,选用后截断技术。

(2)中截词:将截词符号放在一个检索词的中间的一种截词方式。只允许有限截断,用于检索词的单复数或英美式不同拼法。例如:wom? n,可查到 Woman,Women。

(3)前截词,将截词符号放在一个字符串的左方,以表示其左的有限或无限个字符不影响该字符串的检索。例如:* sighted,可查到 farsighted 与 nearsighted。前截断只检索后缀相同的一类词,常用于检索化学化工文献与复合词较多的文献。

从以上各例可知,使用截词检索具有隐含的布尔逻辑或(OR)运算的功能,可简化检索过程。

4. 限制检索

使用截词检索,简化了布尔检索中的逻辑或功能,并没有改善布尔检索的性质。使用位置检索,只能限制检索词之间的相对位置,不能完全确定检索词在数据库记录中出现的字段位置。尤其在使用关键词进行全文检索时,需要用字段限制查找的范围,以提高查准率。限制符在不同的数据库中表示不同。常用的有特定字段的限制检索,限制符为"in"和"="。

例如:Hypertension in TI,表示高血压一词在题名字段 Title 中出现。限制符还有其他形式:py<2000 表示检索 2000 年前发表的文献记录。

在现代检索系统中,常用的字段代码有标题(TI)、文摘(AB)、叙词或受控词(DE 或 CT)、标识词或关键词(ID 或 KW)、作者(AU)、语种(LA)、刊名(JN)、文献类型(DT)、年代(PY)等。这些字段代码在不同的系统中有不同的表达形式和使用规则,在进行字段限制检索时,应参阅系统及有关数据库的使用说明,避免产生检索误差。

四、检索语言

检索语言是文献检索中用来描述文献特征和表达用户检索提问的一种专门语言。它能使文献存储者和检索者达到共同理解,实现存取统一。检索效率的高低,在很大程度上取决于所采用的检索语言的质量以及对它的使用是否正确。不同的检索语言构成不同的检索标识和索引系统,提供不同的检索点和检索途径。

按照检索语言中所使用语词的受控情况可分为规范语言(controlled language,受控语言)和非规范化语言(uncontrolled language)。

规范语言又称"受控语言"、"人工语言"(artificial language),是一种采用经过人工控制了的规范性词语或符号作为检索标识,用来专指或网罗相应的概念,这些规范化的标识较好地将同一词、近义词、相关词、多义词及缩略词等概念进行规范。使用规范化的词能提高检索的效率,但对检索者和信息存储人员在选词上要求比较严格。

非规范化语言又称非受控语言、自然语言(natural language),是采用未经人工控制的词语或符号作为检索标识,通常所说的自由词、关键词就属此类。一般当某些特定概念无法用规范词准确表达、或新出现的词语还未来得及被规范化时,都需要使用非规范词。这类词语有较大弹性和灵活性,检索者可以自拟词语进行检索。但这类语言对一词多义、多词一义的词语,检索就相对困难些。关键词语言就是一种非规范语言。

(一)检索语言的种类

按照检索语言所描述的文献信息特征的内容可分为描述文献内容特征的语言和描述文献外表特征的语言,它们是文献检索语言的主体与核心。

1. 文献外表特征的检索语言:

描述文献外表特征的检索语言,是依据文献外表特征,如文献题名、著者、文献序号等作为文献存储的标识和文献检索提问的出发点而设计的索引语言。主要有:

(1)题名索引系统:以书名、刊名等作为标识的字顺索引系统,如书名目录(索引)、作为检索系统组成部分的"引用期刊一览表"等。

(2)著者索引系统:以文献上署名的个人作者、译者、编者的姓名或学术团体名称作为标识的字顺索引系统,如著者索引、专利权人索引等。它提供从著者或公司团体入手查找文献的检索途径。常规的姓名处理方法是姓在前用全称,名在后用首字母缩写,如著者 Pitty Smith 的标识为 Smith P。这一规则可能导致一些同姓但不同名的著者标识混同,目前已有一些检索系统开始采用姓名全称作为标识。

(3)序号索引系统:以文献特有的序号为标识的索引系统,如专利号索引、技术标准号索引等。

(4)引文索引系统:这是利用科学文献末尾所附引用文献、参考文献目录,揭示科学论文之间引证和被引证关系而编制的索引系统,如美国SCI、中国科学引文数据库。

2.文献内容特征的检索语言

描述文献内容特征的检索语言按其构成原理,可分为分类检索语言、主题检索语言和代码检索语言三大类型。

(1)分类语言:应用比较普遍的是系统分类法,又称"体系分类法"或"等级体系分类法"。体系分类法是一种直接体现知识分类的等级制概念标识系统,是按照学科范畴划分而构成的一种语言体系。其主要特点是按学科、专业集中文献,从知识分类的角度揭示多种不同文献在内容上的区别和联系,提供从学科分类为出发点的文献检索途径。

国内外广泛使用的著名等级体系分类法有:《美国国会图书馆图书分类(LC)》、《杜威十进分类法(DC或DDC)》、《国际十进分类法(UDC)》;国内通用的有《中国人民大学图书馆图书分类法》简称《人大法》、《中国科学院图书馆图书分类法》简称《科图法》、《武汉大学图书分类法》简称《武大法》和《中国图书馆分类法》,简称《中图法》。

在我国,《中图法》不仅广泛应用于各类型图书馆的藏书排架和组织目录体系,还较多地应用于文献数据库和数字图书馆,如中国生物医学文献数据库(CBM)、中文科技期刊数据库、中国学术期刊全文数据库等大型的中文文献数据库。又如"超星数字图书馆"等,它们或者采用《中图法》完整的基本大类体系,或者做些修改、调整。

1999年出版的《中图法》第四版,由五大基本部类和22个基本大类、简表、详表、通用复分表组成。

1)基本大类:《中图法》分为22个基本大类(表1-2-1)。

表1-2-1 《中图法》基本大类

A 马克思主义、列宁主义、毛泽东思想、邓小平理论	N 自然科学总论
B 哲学、宗教	O 数理科学和化学
C 社会科学总论	P 天文学、地球科学
D 政治、法律	Q 生物科学
E 军事	R 医药、卫生
F 经济	S 农业科学
G 文化、科学、教育、体育	T 工业技术
H 语言、文字	U 交通运输
I 文学	V 航空、航天
J 艺术	X 环境科学、安全科学

2)医药、卫生大类下的二级类目:17个二级类目(表1-2-2)。

表1-2-2 17个二级类目

R1 预防医学	R74 神经病学与精神病学
R2 中国医学	R75 皮肤病学与性病学
R3 基础医学	R76 耳鼻喉科学
R4 临床医学	R77 眼科学
R5 内科学	R78 口腔科学
R6 外科学	R79 外国民族医学
R71 妇产科学	R8 特种医学
R72 儿科学	R9 药学
R73 肿瘤科学	

3)层累标记制:类目按概念之间的逻辑隶属关系,逐级展开,划分出更专指、更具体的类目。如"R322.21 动脉",它的上级类目从上至下依次是:

R　医药、卫生

R3　基础医学

R32　人体形态学

R322　人体解剖学

R322.12　心脏血管系

R322.121　动脉

R322.123　静脉

体系分类语言的"语词"就是它的类目。类是可分的,同类事物可根据事物间的不同属性再划分为子类。被划分的称"上位类",划分出来的称"下位类"。上位类与下位类之间是隶属关系,各子类之间是并列关系,互称同位类。全部类目遵守逻辑分类规则,层层划分,构成具有隶属、并列关系的概念等级体系。

类目用具有自然顺序的标记符号来代表,这就是分类号。分类号的主要作用在于明确各个类目之间的先后顺序,以便排列目录和组织藏书。同时,分类号也是分类检索语言的语词。它代表一个类目,也就表示这个类目的涵义,分类号系统也在一定程度上表达各类之间隶属、并列关系。

注意:目前图书分类法都是为图书、期刊等文献而设计的,很难完全适应网络动态信息,且类目体系庞大,分类规则和技术复杂不易掌握。所以,图书分类法的应用还比较有限,绝大多数网络信息资源的分类目录使用自创的分类法。

(2)主题检索语言:主题检索语言是用于表达文献主题内容的词语标识系统,应用较多的是主题词法和关键词法。

1)关键词法:关键词是为适应计算机自动编制索引的需要而产生的。所谓关键词是指出现在文献的标题或文摘、全文中,能表达文献实质内容的,或者能被人们作为检索入口的关键性专业名词术语。例如:一篇文献的篇名是"高血压患者血脂、脂蛋白、载脂蛋白的临床研究及其意义",其中"高血压"、"血脂""脂蛋白""载脂蛋白"4 个关键词可表达该篇名的主要含义,是检索入口的重要词语,而"患者"、"研究"、"意义"等一般不被人们作为检索入口词,因而不是关键词。

由于关键词表达事物概念直接、准确,不受词表控制,能及时反映新事物新概念。在计算机检索系统中,关键词法得到更广泛深入的应用。出现在文献篇名、文摘或全文中的关键词,通常作为文本词(Text Word)纳入文献数据库索引,提供更多的检索入口。

关键词因用词不作规范,使自然语言中大量存在的同义、多义、近义、同形异义等词因用词不规范,而使同一主题的文献常因用词而分散,造成漏检的可能性较大;同时,若平均每篇文献标引的关键词较多,虽然可以减少漏检,但误检的可能性会增大;此外,关键词法不显示词间等级关系和相关关系,增加了查全文献的难度。

2)主题词法:主题词(Subject Headings)又称"叙词"(Descriptor),主题词法主要特点是:①采用指定的词语——"主题词",来专指或网罗相应的概念,也就是适当归并某个概念的同义词、近义词、拼法变异词及缩写等,以保证这个"主题词"与这个概念唯一对应;②采用参照系统将某些非主题词指向主题词或者显示相关主题词间的词义相关关系;③采用类似分类的方法编制主题词分类索引(范畴表)和等级索引(树状结构),采用类似关键词法编制主题词(词素)轮排索引,以从多方面显示词间关系并便于查找主题词;④用以上内容和规则构成一部主题词表,其中的主题词还随着科学的发展及文献中用词的变化而不断有增删修订定期更新。

在医学信息检索领域,最具代表性应用最广的主题词法是美国国立医学图书馆(NLM)的《医学主题词表》(Medical Subject Headings,MeSH)。

(3)医学主题词表(MeSH)

MeSH词表是美国国立医学图书馆编制的用于对生物医学文献进行标引和检索的权威性术语控制工具。中外著名医学数据库PubMed、Medline、CBM等都采用该词表作为主题词检索。了解MeSH词表的结构,掌握其使用方法,是进行医学文献检索的基础。

MeSH词表由字顺表(Alphabetic List)和树状结构表(Tree Structures)两部分组成。

1)字顺表。收词数量:到2009年为止,该表共收医学主题词25,186条,入口词(款目词)160,000条。收词种类:主题词、款目词、类目词和副主题词。主题词:构成主题词表的主体,由生物医学领域的经过规范化的名词术语所构成。有独立检索意义。例如,"心脏"、"脊髓灰质炎"等。款目词:也称"入口词",其作用是将自由词引见到主题词。例如:弓形足见足畸形,其中"弓形足"是入口词,"足畸形"是主题词。类目词:为保证分类表体系的完整性而设立的一类词汇,通常都是一些学科范围很大的词,它们不作为主题词使用。例如:肌骨骼畸形(类目词)、身体部位(类目词)等。

副主题词:副主题词对文献主题起限定作用,构成主题的一些通用性概念,本身无独立检索意义。例如链霉素/副作用;青光眼/病因学等。在MeSH中提供了83个副主题词(2006年),这些副主题词按英文字母顺序排列,同时给予每个词词义解释,还限定各个副主题词允许组配的主题词范围,即在副主题词后的括号内标出该词可以组配的主题词的类号。

另外还有特征词:用于表达文献中的某些特征,其作用在于检索时对文献集合中有某特征的文献进行限定或排除。如:对象特征词(指文献研究的对象,包括种属、性别、年龄、是否有妊娠状态、病例报告等);时间特征词:包括年代、时代、朝代等方面。位置特征词:包括国家、地区等方面;文献类型特征词:包括临床文献、教材、历史传记、专题讨论、综述、读者来信等。

2)主题词款目结构:是指一个主题词的完整记录。在字顺表的每一个主题词下均注以三种注释:即树状结构号、历史注释和参照注释。

例:Blood Pressure[①]

  G9.330.612.114+[②]

  see related[③]

    Hypertension

    Hypotension

    XR Pressure

注释:

①主题词。

②树状结构号:说明主题词在树状结构表中的位置。同时,该号也是字顺表和树状结构表之间的联系号。若有"+"表示该词还有下位词。

③参照系统:参照系统揭示该词与其他主题词之间的内部联系。

2)树状结构表(Tree Structures):树状结构表从学科分类角度对所有主题词进行编排而成的等级制分类表。

结构:为了显示主题词的学科体系,词表编制者将字顺表中的所有主题词(包括类目词)按学科属性从分类角度进行划分,编制了树状结构表(也称"范畴表")。共分出16个大类(表1—2—3),各类目下又层层划分,逐级展开,最多可达11级。有的主题词可能同属于两个或多个子类目,这种主题词后同时列出多个树状结构号,并分别排在其所归属的类目中。

表1—2—3 树状结构表的16个大类

A Anatomy	解剖学名词
B Organisms	生物体
C Diseases	疾病
D Chemical & Drugs	化学物质和药品
E Analytical, Diagnostic & Therapeutic Techniques & Equipments	分析、诊断、治疗技术和设备
F Psychiatry & Psychology	精神病学和心理学
G Biological Sciences	生物学
H Physical Sciences	自然科学
I Anthropology, Education, Sociology & Social Phenomena	人种学、教育、社会学和社会现象
J Technology, Industry, Agriculture	工艺学、工业、农业
K Humanities	人文科学
L Information Science	情报学
M Persons	人
N Health Care	保健
V Publication Characteristics	出版物特征
Z Geographic Locations	地理位置

作用:

①用树状结构号确定主题词在分类表中的位置,是字顺表和范畴表相互联系的桥梁和媒介,是副主题词组配范围的依据。

②是选择专指词(下位词)的依据。便于缩小检索范围,提高查准率。同时,又是选择上位词的依据。便于扩展检索,提高查全率。

③通过树状结构号可以了解某主题词的学科属性及该词与其他词的隶属关系,加深对医学知识的了解。

有关MeSH词表的详细介绍可参考:http://www.nlm.nih.gov/mesh/meshhome.html

(二)文献标引

文献标引是指通过对文献的分析,针对文献的内容及某些外表特征,赋于文献检索标识(类号、标题词、叙词、关键词、人名、地名等)的过程。

标引是文献加工中的重要环节。通过标引,文献工作者赋予文献以检索标识,指明其内容特征的主题类属,而后用以配合书目信息编制出各种目录和索引,或存储于计算机内,以实现文献的检索。标引可按使用检索语言的类型区分,使用分类检索语言时,称为"分类标引";使用主题检索语言时,称为"主题标引"。主题标引又分为受控标引与非控标引。受控标引指须由事先指定的叙词表(主题词表)中选用相应规范词,对文献进行标引。非控标引又称"自由词标引",指不设规范词表而由标引人员直接选用文献内自然语言词,对文献进行标引。标引的实质,是按文献的内容特征对其进行主题类属的划分与区分。

由于计算机化检索系统的建立和文献数据库的应用,出现了自动标引。如 CBM 有"机标"标志。自动标引是指利用计算机对文献自动进行标引,以代替人的脑力劳动。自动标引有两种形式:抽词标引与赋词标引。无论抽词标引或赋词标引,首先都需要将文献转化为机读形式。抽词标引以文献内词的出现频率作为是否取为标引词(用作检索标识的检索词,亦称"索引词")的依据。赋词标引则须将词表存入机内,作为计算机对比选用标引词的依据。

五、检索方法和检索途径

(一)检索方法

1.常用法:利用各种检索工具来查找文献。它又分为顺查法、倒查法和抽查法。
2.追溯法:通过已知文献后附有的参考文献中提供的线索来查找文献。
3.循环法:是将常用法和追溯法交替使用的一种综合文献检索方法。
4.浏览法:是从本专业期刊或其他类型的原始文献中直接查阅文献资料,包括浏览新近期刊查最新内容或在网上任意浏览信息。

(二)检索途径

根据已知需求信息的不同可采取不同的检索途径查找文献。从外部特征查找文献:题名途径(书、刊、篇名)、著者途径、序号途径(ISBN、ISSN、专利号、报告号、标准号、登录号、文摘号);从文献内容特征查找文献:分类途径、主题途径、关键词途径、分类主题途径等。

1.著者途径:利用已知著者姓名作为检索标识进行文献检索。

根据已知著者姓名(个人和团体著者)检索文献的途径。著者索引是按著者姓名字顺排列的。检索外文著者索引时应注意以下几点:

(1)姓名次序:欧美人姓名习惯是名在前,姓在后,一个人的姓只有一个,名可不止一个。

但检索工具中的著者索引和参考文献著录中人名表达方式与习惯相反,姓在前,用全称,名在后,用首字母,姓名之间用空格或逗号分隔。

例:William Henry Harrison(威廉·亨利·哈里森)或 William H. Harrison 或 W. H. Harrison 可以表示为:Harrison,W. H 或 Harrison,WH。

(2)团体著者:按原名著录,并加国名以示区别。FDA (Food & Drug Administration)

(3)姓名前有前缀 de,des,du,la, della, von, van, den, dan, der 等时,将前缀和姓作为一个整体,按字顺排列。词间空格和大写字母不影响排列。如:

van de Donk, H. J

van den Bosch,H

von Werder,K

(4)有的著者有家族称呼即族姓,族姓与姓之间无空格,族姓与姓第一个字母均大写。如:

McAda,P.C

MacAdam,K.B

(5)有等级制称号的著者姓名排在无等级制称号之后,如:

Jons,W.M（琼斯,W.M）

Jons,W.M.Ⅱ（琼斯,W.M,二世）

Jons,W.M.Jr（小琼斯,W.M）

(6)复姓人名:将复姓作为一个整体对待。如:Martin－Smith,M。

(7)中国人姓名按汉语拼音著录。如:顾玉东→GU Y D。

2.分类途径:利用特定分类体系的分类号或分类类目作为检索标识进行文献检索。以某种分类方法,将文献的主题内容进行分类,编排所形成的检索途径,常通过分类号进行检索。

3.主题途径:利用反映文献主要内容的主题(词)作为检索标识进行文献检索。根据文献主题内容编制主题索引,通过主题索引来检索文献的途径。

4.其他途径:利用特定的检索标识进行文献检索。如(《CA》的分子式索引、《BA》的生物索引)等。

六、检索步骤

文献的检索制定检索策略至关重要,就是在正确分析信息需求和手头已有线索的基础上,选择适用的数据库、确定检索的时间范围、语种范围、检索的途径、步骤等,编制出符合检索课题的检索提问式。要做好这一步工作,要求检索者不仅要熟悉各种数据库的收录范围、标引规则、功能特点、操作指令等,还应正确选择检索词、分析各检索词之间的逻辑关系,熟知文献特征及规律,了解专业术语的特点和作者的语言习惯,掌握必要的专业知识,有一定的外语水平。把选择好的检索词用系统规定的各种运算符连接起来,以便计算机对检索要求进行处理,这就是编制检索式。检索一个课题一般包括以下过程才能得以实现。

A. 分析检索课题,明确检索要求;

B. 制定检索策略——确定检索工具、方法、途径、用词及逻辑关系、位置关系;

C. 实验性查找;

D. 正式查找;

E. 辅助性查找(最新期刊、年鉴及百科全书、教科书等);

F. 整理答案,索取原文。

七、文献检索的意义与作用

文献检索的意义和作用主要体现在以下两方面。

(一)充分利用信息资源,避免重复劳动

科学研究具有继承和创造两重性,科学究的两重性要求科研人员在探索未知或从事研究工作之前,应该尽可能地占有与之相关的信息,即利用信息检索的方法,充分了解国内、国外,前人和他人对拟探索或研究的问题已做过哪些工作,取得了什么成就,发展动向如何,等等。这样才能做到心中有数,防止重复研究,将有限的时间和精力用于创造性的研究中。因此,信息检索是科学研究必不可少的前期工作。

(二)为人们更新知识,实现终生学习提供门径

在当代社会,人们需要终生学习,不断更新知识,才能适应社会发展的需求。美国工程教育协会曾估计,学校教育只能赋予人们所需知识的20%~25%,而75%~80%的知识是走出学校后,在研究实践和生产实践中根据需要,不断再学习而获得的。因此,掌握信息检索的方法与技能,是形成合理知识和更新知识的重要手段,是做到无师自通、不断进取的主要途径。

第三节 计算机检索与数据库

计算机检索(简称"机检")就是指人们根据特定的信息需求,利用计算机信息检索系统从专指或相关的机读数据库中查找并获取所需信息的过程,是计算机将检索用户的提问标识与数据库中的文献信息特征标识进行比较匹配的过程。

一、计算机检索系统

计算机检索系统的构成:硬件(主机、外围设备、数据处理、数据传送有关的其他设备。)、软件(系统软件、应用软件)、数据库(是衡量检索系统规模大小的重要标志)、通讯线路(电话、数据、卫星通讯网)和检索终端。

计算机检索系统又称"现代化检索系统",是用计算机技术、电子技术、远程通信技术、光盘技术、网络技术等构成的信息存储和检索信息的系统。存储时,将大量的各种信息以一定的格式输入到系统中,加工处理成可供检索的数据库。检索时,将符合检索需求的提问式输入计算机,在选定的数据库中进行匹配运算,然后将符合提问式的检索结果按要求的格式输出。主要特点是:①检索速度快,能大大提高检索效率,节省人力和时间;②采用灵活的逻辑运算和后组式组配方式,便于进行多元概念检索;③能提供远程检索。

数据库信息检索系统包括联机数据库、光盘数据库和网络数据库,检索的基本流程如图1-3-1所示。

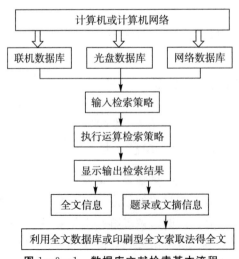

图1-3-1 数据库文献检索基本流程

二、计算机检索的发展

1951年人们首次利用计算机进行信息检索实验。从1954年美国海军兵器中心使用IBM701型电子管计算机建立了世界上第一个计算机检索系统以来,计算机信息检索共经历了四个阶段。

脱机检索阶段(20世纪50年代中至60年代中):

在单个计算机上提供服务,包括磁带数据库、磁盘数据库、光盘数据库等。

联机检索阶段(20世纪60年代中至70年代):

联机检索系统主要由系统中心计算机和数据库、通信设备、检索终端等组成,能进行实时检索,具有灵活、不受地理限制等优点,但检索费用较高。

通过专门的通信线路,利用终端进行数据库检索服务。包括美国Dialog、欧共体ESA和德国STN等计算机联机服务系统等。

光盘检索阶段(20世纪80年代中期):

光盘检索系统主要由光盘数据库、光盘驱动器、计算机等组成,具有易学易用、检索费用低的优点,根据使用的通信设备,又可分为单机光盘检索系统和光盘网络检索系统。

网络检索阶段(20世纪90年代):

网络检索系统是将若干计算机检索系统用通信线路联结以实现资源共享的有机体,是现代通信技术、网络技术和计算机技术结合并高度发展的产物,它使各大型计算机信息系统变成网络中的一个节点,每个节点又可联结很多终端设备,依靠通信线路把每个节点联结起来,形成纵横交错、相互利用的信息检索网络。

三、数据库类型及结构

数据库是指由计算机进行处理的一定数量同类信息的有序集合,是用来查找信息的电子化检索工具。

(一)数据库类型

按文献信息的内容形式不同,文献信息数据库可分为以下几种类型。

书目数据库:是文献信息数据库中最常见的一类数据库。书目数据库提供文献的特征,如篇名、著者、文献来源(又称"文献出处")、摘要、文献收藏单位等,是查找"文献线索"的数据库。检索书目数据库得到的最终结果是所需文献的线索,即文献刊载在哪里,或收藏在什么地方。属于这一类的数据库有:中国生物医学文献数据库(CBM)、Medline、EMBase、Web of Science、CA、BIOSIS Previews、华东地区西文生物医药期刊馆藏联合目录等。

事实数据库:事实数据库提供问题的答案,如医学术语、疾病的诊治方法、药物的用法和不良反应、化合物的结构与化学反应等。电子版的词典、百科全书、年鉴、手册、名录、指南等也属于事实型数据库。

数值数据库:数值数据库提供数据信息,包括统计数据、科学实验数据、化合物理化数据、人口数据、疾病发生和死亡数据、各种测量数据等。属于这一类数据库的有:美国疾控中心(CDC)的Data and Statistics、WHO的WHOSIS(世界卫生组织统计信息系统)、ISI的JCR(期刊引用报告)等。

全文数据库:全文数据库集文献检索和全文提供于一体,是近年来发展较快和前景看好的一类数据库。全文数据库的优点是提供原文,多数全文库提供全文字段检索,这有助于文献的查全。阅读数据库中的全文,计算机必须安装全文浏览器。目前通用的全文格式有 PDF 格式和 HTML 格式。另外还有专门浏览器,如:中国期刊全文数据库中的 CAJ Viewer,中文科技期刊数据库的 VIP Browser 等,这些全文浏览器可分别从其数据库主页上进行下载。

多媒体数据库:多媒体数据库是数据库技术和多媒体技术相结合的产物,是文本、图像、视频、音频、动画等多媒体信息的结合体。

知识库:知识库是按一定要求存储在计算机中的相互关联的某些事实或知识的集合,它经过分类、组织和有序化,成为构造专家系统(ES)的核心和基础。知识库是在普通数据库的基础上,有针对性地从中抽取知识点,按一定的知识体系进行整序和分析而组织起来的数据库。

(二)数据库的结构

数据库由文档构成,文档中的顺排文档由记录构成,记录由字段构成。

文档(File):文档在数据库中有顺排文档和倒排文档之分。顺排文档是数据库的主体,又称"主文档",它按每条记录的顺序号排列。数据库中得到的检索结果都来自于顺排文档。倒排文档是提供快速检索顺排文档的工具,在一个数据库中可能有若干个,如主题词索引、著者索引、刊名索引等,它按索引词的字顺排列。检索时,计算机按输入检索词的字顺先从指定的倒排文档(即索引)中找到相匹配的索引词,然后根据索引词后的记录顺序号到主文档中调出记录。

文档的另一种概念是大型检索系统中的子数据库,它依据数据库所属的学科和时间范围而定。例如,著名的国际联机检索系统 Dialog,分有自然科学、人文社会科学、经贸信息等在内的 900 多个文档,如 5 号文档为 BIOSIS Previews,154 号文档为 1990 年以来的 Medline,155 号文档为 1966 年以来的 Medline。

记录(Record):记录是构成文献信息数据库的基本单元,它揭示了文献的内容特征和外表特征。在书目数据库中,一条记录代表一篇文献,如一篇期刊论文(Journal Article)、一篇综述文献(Review)、一本专著(Monograph,Book)等。记录与文献的概念区别在于:前者含有数据库标引人员添加的人工字段,如主题词字段、文献类型字段等;后者的内容全由著者提供,对应的是文献的原文。

字段(Field):字段是组成记录的数据项。书目数据库中的字段反映一篇文献的具体特征,如篇名、著者、文献出处、主题词、关键词、文摘、语种等。每个字段都有自己的字段标识符(Field tag),如 TI(篇名)、AU(著者)、SO(文献出处)、AB(文摘)、AD(著者所在机构)、AN(记录顺序号)等。将记录细划成字段的作用是:帮助识别记录内容,方便检索结果输出时格式的选择,便于进行字段检索。

篇名、著者、出处这三个字段构成题录。题录是检索结果显示时的常见格式,也是获取原文所需的基本信息;题录中不含文摘。

四、计算机检索常用途径

缺省检索(默认):系统设置的检索字段(默认),在该状态下输入检索词将在设置的缺省字段进行检索。如 CBM"缺省"字段是题目、主题词、关键词、文摘、刊名内容的组合,输入检索词即在这五个字段分别进行检索后的结果作为命中文献数。

简单检索:提供一个输入框进行检索,可输入一个检索词或检索式。

高级检索:提供多个输入框,每个输入框之间可选择逻辑运算。

专家检索:在检索框中利用数据库提供的指令和检索算符编写检索式进行检索,又名"专业检索"。

字段检索:在多种检索状态下输入框后的下拉菜单可提供字段选择,这样可更准确查找文献,提高查准率。

条件限制检索:有些数据库提供限制条件选项,可以根据检索需要进行选择。如 PubMed 数据库"限定检索"可以提供文献的年代范围、语种、文献类型、年龄组等的限制。

五、检索效率

文献检索效率是研究文献检索原理的核心,是评价一个检索系统性能优劣的质量标准,它始终贯穿信息存储和检索的全过程。衡量检索效率的指标有查全率、查准率、漏检率、误检率、响应时间等。目前,人们通常主要以查全率和查准率这两个指标来衡量。

(一)查全率

利用检索系统进行某一课题检索时,检索出的相关文献量与该系统信息库中存储的相关文献量的比率再乘百分之百,称为"查全率"。

(二)查准率

利用检索系统进行某一课题检索时,检出的相关文献量与检出文献总量的比率再乘百分之百,称为"查准率"。

从检索要求来说,希望查全率和查准率都同时达到100%,即系统中存储的所有相关信息都被检索出,这是最为理想的效果。但事实上很难达到全部检出和全部检准的要求,而只能达到某个百分比,总会出现一些漏检和误检。

查全率与漏检率为互补关系,查准率与误检率为互补关系,要想取得较高的检索效率,就须尽可能降低漏检率和误检率。查全率和查准率之间存在着相互制约的现象,即提高查全率会使查准率下降,提高查准率会使查全率下降。因此,在实际检索过程中,必须同时兼顾查全和查准,不可片面追求某一方面。

(三)影响查全率和查准率的因素

1. 提高查全率的方法

(1)降低检索词的专指度,选出一些上位词和相关词补充到检索式中。

(2)调节检索式的网罗度,减少逻辑"与"的组配。

(3)进行族性检索,可采用分类检索,或用一组同义词、近义词和相关词,用"或"连接在检索式中。
(4)采用截词技术,取消某些限制过严的限制符。
(5)增加检索途径。

2. 提高查准率的方法

(1)提高检索词的专指度,换用专指度较强的规范词或自由词。
(2)增加"与"连接,进一步限定主题概念。
(3)限定检索词所在的可检字段,用位置算符控制检索词的词间顺序与位置。
(4)限制输出文献的外部特征,如限制年限、语种、文献类型等。
(5)用逻辑"非"限制与提问不相关的文献的输出。
(6)用主题词检索,不用或少用自由词检索。

第四节　怎样利用图书馆

图书馆是对文献信息进行搜集、整理、储存、开发和利用的图书资料信息中心,是教学科研工作的重要组成部分。随着现代信息技术在图书馆的应用,尤其是因特网的普及,给现代图书馆带来了深刻的变化。图书馆不再仅仅是藏书楼,它已成为文献集散中心和信息服务中心,是读者获取信息资源的重要途径。在新技术、新方法大量应用于图书馆的今天,我们有必要重新认识图书馆,掌握利用图书馆的新方法,这将大大提高查找信息的成功率,缩短查找时间,提高查找效率。

一、图书馆职能和组成

(一)图书馆职能

1975年在法国召开的"国际图书馆协会联合会"会议上,对图书馆的职能给出了比较全面的概括,认为图书馆具有保存人类文化遗产、社会教育、传递科学情报、开发智力资源的四大基本职能。这四大职能的发挥,使图书馆在社会进步和科学发展中,起到了重要的推动作用。在各类图书馆中,高校图书馆是大学的文献信息中心,是大学科研教育的信息保障,也是大学生的第二课堂。

(二)图书馆组成

图书馆工作包括内部基础业务工作和对外的读者服务工作。内部基础业务工作包括搜集、整理和保管,搜集:采购、交换、赠送、网上搜集等;整理:分类、编目、装订等;保管:排架、维护、剔旧等。对外的读者服务工作包括 如文献借阅、复制、情报查新、馆际互借、参考咨询、读者教育等。具体通常分为以下主要业务部门

采访部:根据图书馆的性质、任务及读者需要补充馆藏,建立藏书体系。
编目部:对文献资源进行分类、编目,组织本馆各种目录,建立馆藏目录体系,为读者提供多种检索途径。
典藏部:负责馆藏资源的安全和保管等工作,特别是古籍和印刷型文献的保管。
流通部:负责文献外借工作、指导读者选择和利用文献、文献归架、对过期、损坏和丢失

文献的照章罚款等。

阅览部：负责图书或期刊的馆内阅览、宣传展览、阅读辅导等。

期刊部：负责期刊的采集、编目、流通和阅览。

参考咨询部：负责解答读者咨询、工具书阅览、参与馆藏资源建设、专题信息检索、文献传递、图书馆网页制作与维护等。

自动化系统部：负责整个图书馆自动化系统、数据库系统、计算机设备的建设、日常维护等活动，包括软件安装与升级、编写小型应用程序、输出统计报表、图书馆网页制作与维护、对馆员的系统使用培训、系统所需文件或资料的准备等。

技术服务部：负责文献的缩微复制、音像资料的服务与制作、文献复制等。

文献检索教研室：负责读者教育与培训，包括本科生、研究生及其他不同层次的用户培训。

不同的图书馆根据自己的具体情况，对以上业务部门的划分略有不同。

二、印刷型文献利用

在当前图书馆的发展中，虽然引进了不少电子文献，但由于资金等因素的制约，其数量和覆盖面仍然有限，因此印刷型文献在今后较长一段时间内仍是读者利用的重要对象。

(一)图书的利用

图书馆的图书按图书的索书号排架。索书号由分类号和书次号组成。分类号解决了不同类别图书之间的区分，书次号进一步区别相同分类号但不同版本的图书。书次号的选取，有的图书馆取图书的出版年月，有的利用作者姓名字顺、拼音或四角号码，有的按照图书编目先后的"种次号"来决定，也有的取自于图书的财产登记号的全部或部分。索书号标于每本书的书脊位置，图书的架位排列先按分类号的字母数字排，分类号相同，按书次号排。读者根据图书排架规律查阅图书。

(二)期刊的利用

无论是现刊还是过刊都是先按期刊的语种排架，同语种期刊按刊名字顺排架，中文期刊按刊名拼音字母或按笔划笔形排；英语期刊按刊名的字母顺序排，刊名中的介词、冠词不参加排序。在过刊库中，同种期刊再按期刊的卷期排架。读者根据期刊排架规律查找期刊。

三、馆藏目录的查询

图书馆馆藏目录是反映图书馆馆藏情况，揭示藏书内容，指导读者查找馆藏资源的工具。读者所需文献图书馆是否收藏，收藏数量有多少，收藏在图书馆的什么位置等，这些馆藏信息都在馆藏目录中得以揭示。馆藏目录的利用可以大大节省读者的查找时间。

(一)类型

按图书馆目录报道对象的不同，可分为图书目录、期刊目录、非书资料目录等。

按图书馆目录报道的范围不同，可分为本馆馆藏目录和联合目录。馆藏目录是本馆馆藏信息的反映，而联合目录则反映了某地区乃至全国若干个图书馆的馆藏信息。当读者无法在本单位图书馆获取文献时,使用联合目录可以了解到本地区其他图书馆是否收藏,如果其他图书馆藏有该文献时,就可以通过馆际互借,索取所需文献。

(二)主要联合目录

如《华东地区西文生物医药期刊馆藏联合目录》、CALIS(中国高等教育文献保障系统)的"联机公共书目查询系统"、《华东地区外国港台科技期刊预订联合目录》、《全国期刊联合目录》等。

四、电子型文献的利用

每个学校图书馆主页都有电子资源栏,该栏目将本校自己购买的数据库、试用数据库和互联网上本校常用的数据库归类于此。中外文数据库一般分为索引文摘数据库和全文数据库,这将在后面的章节逐一介绍。

五、图书馆服务

图书馆在开展馆藏资料借阅服务的同时,还为读者开设了馆际互借、参考咨询、情报定题服务等服务项目,从信息服务的意义上看,这些服务的价值远大于简单的借阅服务。在利用馆藏资源的同时,充分利用这些服务将使您事半功倍。

(一)馆际互借与文献传递服务

馆际互借是图书馆之间按事先约定,利用对方馆藏资源进行资源共享,以满足本馆读者需要的服务方式,它扩大了读者对文献的利用范围,弥补了馆藏不足的缺陷。随着电子时代的到来,馆际互借利用的资源从书刊发展到光盘、网络数据库等一切可以利用的馆藏,而其传递方式也由原先的邮寄复印件,发展到利用 E-mail 等电子通信手段将文献传递给读者。文献传递服务是图书馆利用本馆和外馆文献资源帮助读者获取原始文献的服务。现在很多大型机构利用收藏的丰富文献资源,提供原文传递服务,如 CALIS 原文传递、中国科学技术信息研究所、国家图书馆等都提供文献传递服务,还有一些数据商也提供原文传递服务。

(二)定题服务

定题服务是图书馆的信息服务部门对某些研究课题或关键问题,根据需要,定期提供最新的有价值的文献信息,直至课题完成的服务方式。读者利用定题服务,填写申请单,将研究课题或所需文献资料的主题告诉信息部门,能及时获得最新信息,节省了查找文献的时间。

(三)咨询服务

咨询服务是图书馆咨询馆员根据读者在利用图书馆过程中提出的问题,运用掌握的专业知识及各种参考工具,为读者做出解答或提供线索,是为读者解难答疑的服务,对提高馆藏资源的利用率起着不可忽视的作用。其方式有口头咨询、书面咨询、电话咨询、网上咨询等多种形式。规模较大的图书馆有专门的参考咨询部;一般的图书馆在大厅设有咨询服务台,有熟悉馆藏、经验丰富的馆员负责解答。

(四)查新服务

科技查新是通过信息检索查询和文献对比分析等方法,对科研立项、基金项目申报、科技成果鉴定、新产品鉴定、科技奖励、专利申请,以及有关部门要求进行查新的项目的新颖性做出判断,并出具报告文本的一种咨询服务工作,是客观评价项目创新性、先进性的重要依据。需要查新的人员必须先填写查新申请单和查新委托单,查新受理、与用户交流理解查新项目内容、选择检索工具、确定检索方法和途径、进行文献检索查询、撰写查新报告和向委托人提交查新报告。

(五)读者教育

是图书馆专门为读者开设的,培养读者的信息意识和获取、利用文献信息的能力,传授利用图书馆的方法和技能的服务。有文献检索课、读者培训(专题讲座、印发图书馆利用指南)和新生入学教育等多种方式。读者教育有利于充分发挥图书馆馆藏资源的作用,提高馆藏的利用率,也是读者掌握图书馆利用方法的捷径。

(六)复制服务

为便于读者利用馆藏文献,图书馆还提供静电复印、缩微复制、论文装订、扫描等复制服务,最普遍的是静电复印。图书馆都设有复印室,为读者提供复印服务,如发现有价值的资料,读者可以将阅览室内无法外借的文献进行复印。

(七)视听服务

视听文献包括录音带、录像带、VCD等。图书馆的视听服务内容有:复制录音带,开发语音室,放映教学参考片、外语片、娱乐片等。

(八)电子阅览

电子阅览指利用图书馆电子阅览室内的电子资源进行学习、检索、娱乐等。

练习题

1. 按照对文献内容的加工深度划分文献有哪几种?
2. 《中图法》的全称是什么?《中图法》划分为哪五大部类?《中图法》采用的标记符号制度是什么?
3. 什么是文献标引?
4. 获取原始文献有那些途径?
5. 什么是索书号?完整的索书号有哪几个部分组成?
6. 为什么要进行科技查新?

(李桂芳)

第二章 文摘数据库检索

第一节 中国生物医学文献服务系统(SinoMed)

一、SinoMed 概述

中国生物医学文献服务系统(SinoMed)由中国医学科学院医学信息研究所开发研制。该系统整合了中国生物医学文献数据库(CBM)、北京协和医学院博硕学位论文数据库、西文生物医学文献数据库(WBM)、英文文集汇编文摘数据库、英文会议文摘数据库、日文生物医学文献数据库、俄文生物医学文献数据库、中国医学科普文献数据库7种资源,学科范围广泛,年代跨度大,能全面、快速反映国内外生物医学领域研究的新进展,功能强大,是集检索、开放获取、个性化定题服务、全文传递服务于一体的生物医学中外文整合文献服务系统。

中国生物医学文献数据库(CBM):收录1978以来1 600余种中国生物医学期刊,以及汇编、会议论文的文献题录539余万篇,全部题录均进行主题标引和分类标引等规范化加工处理。年增文献近50万篇,每月更新。

北京协和医学院博硕学位论文库:收录1981年以来协和医学院培养的博士、硕士研究生学位论文,学科范围涉及医学、药学各专业领域及其他相关专业,内容前沿、丰富,可在线浏览全文。每季更新。

中国医学科普文献数据库:收录2000年以来国内出版的医学科普期刊近百种,文献总量8万余篇,重点突显养生保健、心理健康、生殖健康、运动健身、医学美容、婚姻家庭、食品营养等与医学健康有关的内容。每月更新。

西文生物医学文献数据库(WBM):收录目前世界各国出版的重要生物医学期刊文献题录1 800余万篇,其中馆藏期刊4 800余种,免费期刊2 400余种;年代跨度大,部分期刊可回溯至创刊年,全面体现协和医学院图书馆悠久丰厚的历史馆藏。年增文献60余万篇,每月更新。

英文会议文摘数据库:收录2000年以来世界各主要学协会、出版机构出版的60余种生物医学学术会议文献,部分文献有少量回溯。每月更新。

英文文集汇编文摘数据库:收录馆藏生物医学文集、汇编,以及能够从中析出单篇文献的各种参考工具书等240余种(册)。报道内容以最新出版的文献为主,部分文献可回溯至2000年。每月更新。

日文生物医学文献数据库:收录1995年以来日本出版的日文重要生物医学学术期刊90余种,部分期刊有少量回溯。每月更新。

俄文生物医学文献数据库:收录1995年以来俄国出版的俄文重要生物医学学术期刊

30余种,部分期刊有少量回溯。每月更新。

本节重点介绍 SinoMed 中 CBM 单库检索。首先进入 SinoMed 首页(如图 2-1-1 所示),首页输入框中可以输入检索词或编辑检索式,点击"多字段检索"即添加一个输入框,进入跨库检索页面,"检索入口"下拉菜单设"缺省、全部字段、标题、摘要、作者、作者单位、文献来源"7个检索字段,另设时间限制和数据库选项。可以同时选中多个数据库进行跨库检索,也可以进入单库检索。点击"中国生物医学文献数据库"或者在页面上方"选择数据库"下拉菜单中选择,进入 CBM 检索页面。

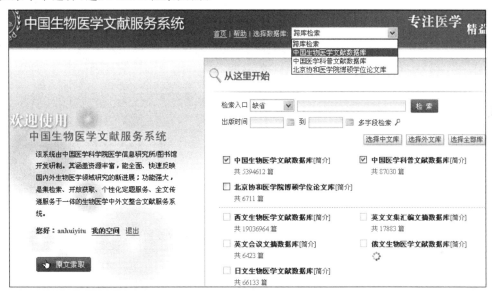

图 2-1-1 SinoMed 首页

二、中国生物医学文献数据库(CBM)检索

基于 SinoMed 系统的 CBM 数据库在以往的基本检索、多种辅助词表(医学主题词表、分类表、期刊表等)检索、限定检索等功能基础上又增添了智能检索、更多内容限定检索、作者机构限定、检出结果统计分析等功能,个性化服务功能增多,并提供快捷便利的全文传递服务。

(一)CBM 的记录格式

CBM 收录的文献以记录格式储存(如图 2-1-2 所示)。图中记录中"字段"左边标注字段名。CBM 的记录字段共设 35 项(每条记录只包含部分字段),大部分字段的内容都是文献本身固有的,部分字段是标引人员标引的。检索结果显示设 3 种格式,详见(三)1.。表 2-1-1 列出的是 CBM 全部检索字段的中、英文字段标识符以及注释:

流水号：	2008419952
分类号：	R318.52; *R321-33; R321.1; R329.24; R329.25
英文标题：	Effect of culture time on the spindle and chromosome configurations of human thawed oocytes with slow-cooling and raid-thawing protocol
作者：	丛林; 李莉; 章志国; 魏兆莲; 周平; 赵济华; 李芬; 曹云霞
作者单位：	安徽医科大学第一附属医院生殖中心,合肥 230022
国省市名：	安徽
摘要： 字段名	目的:研究慢速程序化冷冻人类成熟卵母细胞复苏后培养时间对纺锤体和染色体的影响。方法:慢速程序化冷冻人成熟卵母细胞102枚,选择复苏后外观存活良好的卵母细胞共64枚,随机分为A组20枚、B组22枚、C组22枚,分别培养不同时间(1、3、5h)后进行固定、荧光染色;另取新鲜成熟卵母细胞18枚固定、染色作为对照组,采用激光共聚焦显微技术,观察并分析纺锤体和染色体的形态学变化。结果:(1)A、B、C3组正常纺锤体比例分别为10%(2/20)、46%(10/22)、41%(9/22),均明显低于对照组(83%,15/18),差异均有统计学意义(P<0.05);A组分别和B组、C组比较,差异也有统计学意义(P<0.05)。纺锤体缺失率A组为45%(9/20),明显高于对照组(6%,1/18),差异有统计学意义(P<0.01);A组分别和B组(14%,3/20)、C组(14%,3/20)比较,差异也有统计学意义(P<0.05);B、C组之间比较,差异无统计学意义(P>0.05)。(2)A组正常染色体比例为30%(6/20),与B组(68%,15/22)、C组(64%,14/22)和对照组(78%,14/18)比较均明显降低,差异均有统计学意义(P<0.05);B、C、对照组之间两两比较,差异均无统计学意义(P>0.05)。结论:慢速程序化冷冻复苏后培养3－5h可以促进部分卵母细胞纺锤体和染色体形态的恢复。
著名文摘：	AA
基金：	国家“863”计划(2006AA0224A4)
出处：	中华妇产科杂志 2008; 43(2):94-97
ISSN：	0529-567X
国内代码：	11-2141/R
内部代码：	Z53
出版地：	北京
主题词：	有丝分裂纺锤体/遗传学; 卵母细胞/细胞学; 染色体/遗传学; 细胞, 培养的; 低温保存/方法
特征词：	人类; 女(雌)性
更新日期：	20090130
相关链接：	主题相关

图 2－1－2　CBM 记录格式(详细格式)

表 2－1－1　CBM 中、英文字段标识符以及注释

字段名缩写	字段名	字段名缩写	字段名
AA	著者文摘	NI	团体著者
AB	文摘	PA	分册
AD	地址（第一著者地址）	PG	页码
AD1	国省市名（第一著者省市名）	IP	期
AF	原文出处（译文原文出处）	PP	出版地（期刊出版地）
AU	著者	PS	人名主题
CA	索取号(医信所会议、汇编内部编码)	PY	出版年
CN	国内代码（国内期刊代码）	PT	文献类型
CL	分类号	RF	参文数（中外文参考文献数）
CT	特征词	CRF	参考文献
FS	资助类别	(SO	出处（复合字段:TA，PY，VI，IP，PG)
ID	资助编号	SU	增刊
IS	ISSN（国际期刊代码）	TA	期刊名称
JC	内部代码（医信所期刊内部代码）	TI	中文题目
LA	语种（缺省值为中文）	TT	英文题目
MA	会议地点	TW	关键词
MH	主题词	VI	卷
MMH	主要概念主题词		

(二)检索途径

CBM 主页面共设 6 个功能按钮(如图 2-1-3 所示):基本检索、主题检索、分类检索、期刊检索、作者检索、检索史。其中 5 个检索途径输入框的检索入口都设有多个选项。另设年代范围及更多限定选项。

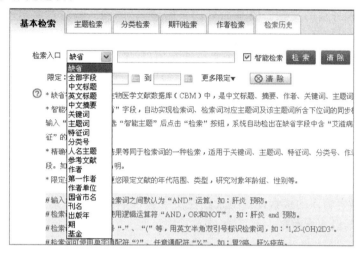

图 2-1-3 CBM 首页

1. 基本检索

CBM 的首页默认为基本检索页面,"检索入口"设 19 个字段限制选项,可以做自由词检索、字段限制检索、用逻辑算符编辑检索式。

(1)自由词检索:自由词(free words)也称"文本词"(text words),指文献中固有的词。自由词检索是所有数据库的最基本的检索方法,自由词检索查准率高,查全率低,极易造成漏检。要提高查全率,避免漏检,必须注意以下几点:

1)确定检索词:首先根据检索课题确定若干个有实质性意义的词作为"检索词"(检索点),修饰词、介词、连接词、冠词等一般不作为检索词。如检索题"p53 基因经导管治疗原发性肝癌的疗效观察",可选择"p53"、"基因"、"导管"、"肝癌"等作为检索词,检索词之间用逻辑运算符"and"运算。检索式为:p53 and 基因 and 导管 and 肝癌。

2)确定检索词的同义词、近义词、简称、全称、缩写等:"肝癌"的同义词有"肝肿瘤、肝细胞癌、肝腺癌"等。同义词之间用"or"运算。检索式为:肝癌 or 肝肿瘤 or 肝细胞癌 or 肝腺癌。用"or"连接的同义词前后加半角圆括号,改变运算顺序。逻辑算符前后必须空半格。该题的综合检索式为:p53 and 基因 and 导管 and(肝癌 or 肝肿瘤 or 肝细胞癌 or 肝腺癌)。

3)通配符的使用:"*"是任意通配符,替代任意个字符。"肝*癌"可检索出"肝癌、肝细胞癌、肝腺癌、肝转移癌"等。灵活的使用通配符可以大大简化检索式,提高查全率。如"肝炎*疫苗",可替代检索式"肝炎疫苗 or 肝炎病毒基因疫苗 or 肝炎减毒活疫苗 or 肝炎灭活疫苗";"肺*癌",可替代检索式"肺癌 or 肺腺癌 or 肺鳞状细胞癌 or 肺泡细胞癌";安徽医科大学*附*院"可替代检索式"安徽医科大学附院 or 安徽医科大学附属医院 or 安徽医科大学第一附属医院"。"?"是单字通配符,替代一个字符。如"血? 动力",可检索出"血液动力、血流动力"等等;作者="张? 军",可检索出以下作者:张爱军、张学军、张红军、张铁军等等。

新版SinoMed"*"仅支持单个词检索,暂不支持检索式。

4)半角双引号:检索词含有特殊符号"－"、"("等,检索系统不能识别这些符号,必须用半角引号标识检索词,如:"tp－A"、"1,25－(OH)2D3"。否则,检索结果为零。

5)其他小技巧:检索词词条越短,检索结果越多。"安徽"检索范围大于"安徽省","合肥"检索结果大于"合肥市"。如"幽门螺",可检索出"幽门螺杆菌、幽门螺旋杆菌、幽门螺旋菌"等有关幽门螺杆菌的文献。但是如果词条缩短到"幽门",检索结果就会远远超出有关"幽门螺杆菌"的文献,所以检索词的截取要适当。

(2)字段检索:"检索入口"设19个字段选择项(如图2－1－3所示)。选择入口字段,限制输入的检索词或检索式仅在某一指定字段内检索,也就是字段限制检索。"检索入口"中未设置的字段选项可用字段限制符检索。

缺省:输入的检索词或检索式同时在"中文标题、摘要、作者、关键词、主题词、期刊名"这6个主要字段检索中检索。

全部:输入的检索词或检索式同时在所有可检索的字符型字段中检索。查全率高,查准率低。

题目(ti):限定输入的检索词或检索式在文章题目中检索。检索结果数量少于"缺省"、"全部"和"摘要",但查准率高。

英文题目(tt):是"题目"字段对应的英文翻译,必须用英文词检索。

作者(au):该字段可以检索某作者发表的文献。只能输入作者姓名,不能加头衔等称号,同时必须选中输入框右边的"精确检索",否则系统作"包含检索"。如:精确检索作者"丛林",仅检索出"丛林"。包含检索可检索出丛林、万丛林、刘丛林、丛林海姓名中包含丛林的作者。由于重名重姓的作者非常多,所以作者检索往往要和地址字段联合检索。

地址(ad):该字段可以检索某机构发表的文献,要注意作者落款的随意性,同一机构不同的书写都要检索,防止漏检。如:(安徽医科大学附院 or 安徽医科大学附属医院 or 安徽医科大学第一附属医院 or 安医大附院)。

关键词(kw):关键词是科技论文固有的栏目,一般是作者抽取的,不规范,往往不能全面反映文献的内容,容易造成漏检,尽量不要单独使用该字段检索。

摘要(ab):表示输入的检索词或检索式限制在文摘中检索。该字段检索结果多于"标题"字段。

基金(fs):该字段是文献所获基金资助项目的名称和项目编号,国家基金一般冠有"国家",省级基金一般冠有省名,市级基金一般冠有市名,单位基金冠有单位的名称。根据检索需求输入国家、省名、市名、单位名称、或项目名称等。项目名称检索要注意作者书写的随意性。

参考文献(crf):该字段可以检索被引文献的作者、题名、书名或刊名。检索结果提供参考文献的链接。

刊名(ta):该字段可以做期刊检索。

出版年(py):数字型字段,直接输入年代。新版SinoMed暂不支持"＜"、"＞"、"＝"、"＜＝"、"＞＝"。

期(ip):数值型字段,限定检索某种刊的期数。

分类号(cl):该字段是分类标引生成的。由标引人员根据文献内容,确定若干关键词,再依据《中国图书馆分类法·医学专业分类表》,给出最专指的分类号。

主题词(mh):该字段是主题标引生成的。由标引人员根据文献内容,确定若干关键词,再依据《中文医学主题词表》给出相应的"主题词/副主题词"。主要主题词标记" * ",即"加权主题词"。该字段检索不能满足主题词的扩展检索,主题词检索必须从"主题检索"入口。

特征词(ct):特征词包括"限定检索"表格中的"动物、人类、年龄组、性别、妊娠、体外研究等选项,另外有"小鼠、大鼠、兔、狗"等具体的动物名称"。某些涉及这些特征的检索题可联合该字段检索,可提高查准率。

(3)其他功能选项。

1)精确检索:在"作者、关键词、刊名、期、分类号、主题词、特征词"等字段检索,输入框右边"精确检索"选项激活。其他字段不支持精确检索。

2)智能检索:仅在"缺省字段"支持智能检索功能,"智能检索"支持单个词检索,即能够自动实现单个检索词及其对应主题词及该主题词所含下位主题词的同步检索。如:在"缺省"字段输入"艾滋病",勾选"智能主题"后点击"检索"按钮,系统自动检出"中文标题"、"摘要"、"关键词"、"主题词"等字段中含"艾滋病"、"AIDS"和"获得性免疫缺陷综合征"的所有文献。"智能检索"不支持逻辑组配。若想通过"智能检索"查找同时关于"AIDS"和"乙肝"2个方面的文献,需要分步进行:① 在基本检索界面分别对"AIDS"、"乙肝"进行智能检索;② 在"检索历史"界面,对2次查找结果进行逻辑"AND"组配检索即可。

3)二次检索:进行检索后,输入框右边显示"二次检索"选项。"二次检索"是在当前检索结果基础上再检索,逐步缩小检索范围。与上一个检索式之间的关系为"AND"。键入新的检索词,选中"二次检索"前面的复选框,点击"检索"按钮即可。

4)更多限定:当前页设年代范围限定,点"更多限定"按钮,系统显示"限定检索选择框"(如图2-1-4所示)。限定检索把年代、文献类型、研究对象、性别等常用的限定条件整合到一个表单中供选择,可以减少二次检索操作,提高检索效率。

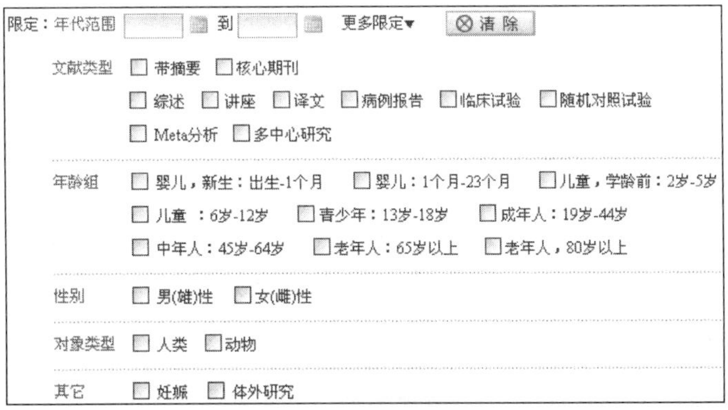

图2-1-4 限定检索界面

① 限定条件内容划分为若干组,每组内的关系为"OR",组间关系为"AND"。

② 限定检索可以在检索前设置限定条件("先限定"),也可以再检索后设置限定条件("后限定")。选择限定条件后,当前页显示"限定条件"。如果在检索后设置限定条件,或对限定条件进行了修改,需点击"检索条件(显示当前检索式)"才能对当前检索条件执行新限定检索。点击"清除",可以取消所有限定选项。

2.主题词检索

主题词检索是CBM数据库特色的检索功能,具有较高的查全率和查准率。CBM收录的全部文献均依据《中文医学主题词表》进行主题标引。《中文医学主题词表》是权威性的主题词表,包括《MeSH》中译本和《中国中医药学主题词表》的所有词汇。《MeSH》2009年共收主题词25 186条,入口词(款目词)160 000条;《中国中医药学主题词表》第3版共收主题词8 878条,入口词约5 000条。数据库中的《中文医学主题词表》包括主题词轮排表和主题词注释表,主题检索的程序是先通过主题词轮排表查找确定主题词,再链接到该主题词注释表,完成对基本库文献的检索。检索方法如下:

点击首页上方的"主题检索"按钮,即进入主题词检索界面。"检索入口"设"中文主题词"和"英文主题词"2个选择项(如图2-1-5所示),默认值为"中文主题词"。在输入框中输入中文检索词,系统在"主题词表"中搜索并显示包含输入词的全部主题词和款目词,即该主题词的轮排表。在轮排表中确定主题词,点击主题词即链接到该主题词注释表,采用主题词加权、扩展,及扩展副主题词检索文献,完成检索结果。以检索"高血压的诊断"为例:在输入框输入"高血压",点击"查找"按钮,系统显示含有"高血压"的中文主题词轮排表(如图2-1-6所示)。

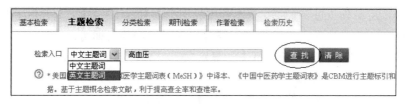

图2-1-5　CBM主题检索入口

图2-1-6　高血压中文主题词轮排表

(1)主题词轮排表:轮排表的上方显示检索到包含"高血压"的主题词数目(23个)及页数(共2页)。轮排表分3栏,同一行中,左栏为主题词的款目词(同义词),中栏为正式主题词,右栏为该主题词命中的文献数。复合主题词中间的","号是倒置符,倒置主题词中,核心词在前,修饰词在后。其作用是将含有相同核心词的主题词在轮排表中集中排在一起,方便选词。读的时候可以倒着读。主题词表中约有十分之一的主题词是倒置形式。从中栏浏览、选择、点击主题词"高血压"。进入"高血压"的主题词注释表。

主题词查找小技巧:如果输入的词是词表中没有的词,检索结果显示为零,可以缩短检索词,再重新查找。例如:输入"大肠癌",检索结果为零,输入"肠癌",检索到包含"肠癌"的主题词13个,从中栏浏览,选择最相近的主题词"结直肠肿瘤"。

(2)主题词注释表:高血压注释表页面从上往下有"加权检索选项"、"扩展检索选项"、"选择副主题词"框、高血压的中、英文主题词及注释信息和树形结构(如图2-1-7所示)。

图2-1-7 主题词注释表(高血压)

1)加权检索:指主要主题词检索,也就是仅检索主题词字段中加"*"号的主题词。加权检索可以缩小检索范围,提高查准率。不选择则表示对加"*"号主题词和非加"*"号主题词均进行检索。

2)扩展检索:针对树形结构而言,详见4)。设3个选项:扩展全部树、不扩展、树形结构 n。

扩展全部树:检索树形结构中主题词及其全部下位主题词。

树形结构 n:有的主题词有多个树形结构,注释表中列出树形结构 1、树形结构 2……树 n 指扩展检索其中某一个树结构。

不扩展:只检索主题词本身,不检索其下位主题词。

3) 选择副主题词:主题词表共设 94 个副主题词(见表 2−1−2 副主题词表),其中中医副主题词 11 个,用于和主题词组配,构成主题词一些通用概念,如:疾病/诊断/治疗、药物/副作用/毒性、器官/解剖学和组织学/损伤/畸形等("/"是副主题词的标记符号,置于副主题词前),由此可大大减少主题词表的容量。也可以加强主题词的专指性,强调主题词概念的某些专指方面。如:"肝/药物作用"表明文章并非讨论肝脏的所有方面,而是讨论药物对肝脏的影响。主题词与副主题词的组配有严格的规定,不是所有的副主题词均能与每个主题词进行组配,副主题词表列出每个副主题词的组配范畴。图 2−1−7 "选择副主题词"列表中左框中列出可以与当前主题词高血压组配的副主题词,可以选择全部副主题词、多个副主题词或一个副主题词,将选中的副主题词添加到右边框中。光标选中的副主题词(药物疗法),框下显示该副主题词的英文及注释,有助于正确选择副主题词。

带+号的副主题词表示其有下位副主题词,如副主题词"诊断"的下位副主题词包括"病理"、"放射摄影术"、"放射性核素显像"和"超声检查"。在两框中间设"扩展"和"不扩展"选项,选择扩展,同时将"诊断"及其四个下位副主题词同时添加到右框进行检索。副主题词的标引原则也是必须标引最专指的副主题词,选择"不扩展"则仅限于检索副主题词"诊断",检索结果将不包括"病理"、"放射摄影术"、"放射性核素显像"和"超声检查"的内容。副主题词选择添加后,点击"主题检索"按钮,完成主题检索。

4) 树形结构(Tree structure):主题词表中的全部主题词(不包括款目词),按其词义范畴及学科属性,分门别类编排而成等级分类表,亦称"范畴表"(Category Index)。共分 16 个大类(Categories),分别用 $A-N,V,Z$ 16 个大写字母表示(注:Z 类地理名词,并非字顺表中的主题词,只用于电子计算机检索系统),大类之下再划分出若干个次级类目(Subcategories),又称一级类目,用大类字母加阿拉伯数字表示(如表 2−1−3 所示)。一级类目下再划分出二级类目、三级类目……,最多分至九级。每一级类目用一组数字表示,每组数字之间(级与级之间)用"."号隔开,组成树状结构号(Tree Structure Number),例如"高血压"的树形结构号是 C14.907.489。号码越长的主题词级位越低,其概念范畴越窄。不同级别的主题词采用逐级缩格的形式编排,同级类目下的主题词按字顺排列。词表中每个主题词都有一个或多个树状结构号。例如:人病毒性肝炎既属于病毒性疾病,也属于消化系统疾病,因此有 2 个树结构。主题词注释表显示所检索主题词的全部树结构。

树状结构表的作用:

① 为副主题词提供组配范围。副主题词的组配范围是按树状结构表的分类范畴规定的,在副主题词表中,每个副主题词后都列出了规定的组配类号,即树状结构号(见表 2−1−2 副主题词表)。

② 便于扩展检索。主题标引的一个重要原则是:必须选择最恰当、最专指的主题词/副主题词标引。概念范畴较大的主题词在词表中都有下位主题词,如果不扩展检索,就会漏检其下位主题词的相关内容。例如:肿瘤有近千个下位主题词,如果不扩展检索就会造成极大

的漏检,通过扩展检索可以一次性快速完成肿瘤及其近千个下位主题词的检索,极大的提高查全率、差准率和检索速度。

图2-1-7下方是"高血压"的树状结构,高血压的上位主题词是"血管疾病",高血压的直接下位主题词有3个,"高血压,肾性(+1)"表示其有1个下位主题词,点击可显示其下位词,所以高血压共有4个下位主题词。"扩展检索"就是检索高血压及其4个下位主题词的文献,"不扩展检索",检索结果中不包含"恶性高血压、妊娠高血压、肾性高血压、肾血管性高血压"的文献。

③ 确定拟检课题的主题词。MeSH的词汇量是有限的,通过树结构可以确定某一类主题词的设置,在词表中没有设置的主题词,可采用组配、靠词、归入上位词或相关主题词等方法确定检索词,这些都需要使用树状结构表。方法如下:

组配法:当A类中未设某个器官的血管主题词时,可用"器官名称/血液供应"。例如:胰腺/血液供应;当A类中未设某个器官的神经主题词时,可用"器官名称/神经支配",例如:阴囊神经,可用"阴囊/神经支配"。当C类中未设先组的器官损伤和创伤的主题词时,可用"器官名称/损伤",例如:肝破裂,可用"肝/损伤";当C类中未设先天性器官畸形的主题词时,可用"器官名称/畸形",例如:子宫缺如,可用"子宫/畸形"。

归入上位词:词表中未设的某些专指词,可用其上位词。例如:A大类解剖学名词下Muscle(肌)下未设的肌肉名称,可选用其上位词"muscles";C大类疾病名称下Occupational diseases(职业病)下未设的职业病名称,可用选其上位词Occupational diseases;D大类化学物质和药品名称下Interleukins(白细胞介素)下未设的白介素种类,可选用其上位词Interleukins。

靠其相关主题词:词表中未设的某些专指词,若没有合适的上位词,可靠其相关上位词。例如:贲门疾病,在C6消化系统疾病下未设该主题词,其最相近的上位词是"胃肠疾病",在A3消化系统下有"贲门"主题词,可选用"胃肠疾病"+"贲门";C4肿瘤下未设的器官肿瘤,可选用该器官疾病和肿瘤组织学类型,例如:虹膜黑色素瘤,标引"虹膜疾病"、"黑色素瘤"。

5)主题词注释信息:副主题词选择框下方是主题词的相关注释,包括该主题词的中文名称、英文名称、款目词、树状结构号、药理作用、相关参照、副主题词组配参照、化学登记号/酶代码、检索回溯注释、标引注释、历史注释、主题词详解等内容。认真阅读主题词的注释信息,确认是否和检索主题一致。

(3)英文主题词检索:"英文主题词"选项,必须用英文主题词或英文款目词检索。以检索"Hypertension"为例:在输入框键入"Hypertension",点击"查找"按钮,系统显示含有"Hypertension"的英文主题词轮排表。英文主题词轮排表包括英文主题词和款目词(同义词)及主题词中译名。词条中带有"见"字时,其左栏的词为英文款目词(同义词),后面为该同义词所对应的英文主题词的中译名。词条中没有"见"时,前面的词为英文主题词,后面为主题词中译名。点击中文主题词,进入主题词注释表。后面检索步骤同上。

3. 分类检索

CBM的分类检索是通过联机分类表实现的。CBM收录的全部文献均依据《中国图书馆分类法·医学专业分类表》进行分类标引,生成分类号字段。点击"分类检索"按钮,即进入分类检索页面。通过分类导航或"类名"、"分类号"入口,再进入复分号选择页面,选择复分组配,完成分类检索。也可以通过此表查询"中图分类号"。

(1)分类导航:是联机分类表,包括《中国图书馆分类法·医学专业分类表》的内容(如图2-1-8所示),部分类目根据需要进行了仿分。

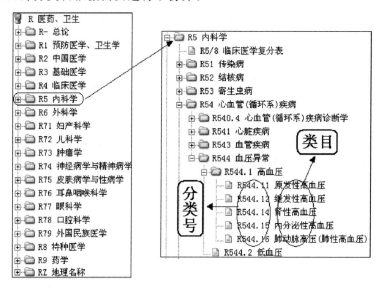

图 2-1-8 分类导航界面

1) 分类表的浏览检索方法:左图是《中图法》基本大类医药卫生的一级类目及分类号R1—R9,总论复分表排在最前面,标记符号为"-",排在最后的为RZ类——地理名称。分类号前面有"+"号的类目,表示有下位类,可以逐级展开。右图是"R5 内科学"逐级展开至"R544.1 高血压"的类目。点击类名高血压,进入高血压的复分号选择页面(如图 2-1-9 所示),复分号选择框中列出了可与当前主类号组配的全部复分号,选择相应复分号与主类号组配。如果是检索高血压治疗的文献,将左栏有关治疗的复分号选中,添加到右栏,点击"分类检索"即完成操作,多个复分号之间的关系为"or"。

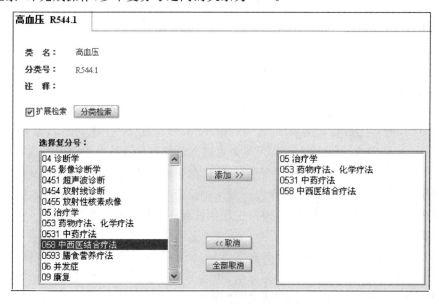

图 2-1-9 分类复分表界面

2)分类表使用补充说明：

仿分类目。① R34 医学生物化学与分子生物学部分类目按 Q5 生物化学仿分,例如:蛋白质为 Q51,仿分类号为 R341。② R35 人体生物物理学按 Q6 生物物理学仿分,例如:生物光学为 Q63,仿分类号为 R353。③ R725 小儿内科学按 R5 内科学仿分,例如:小儿传染病为 R725.1;小儿先天性心脏病为 R725.411。④ R726 小儿外科学按 R6 外科学仿分,例如:小儿腹部外科学为 R726.56;小儿肾脏手术为 R726.992。⑤ R932 中药学用 R28,例如:植物药为 R282.71;中药化学成分为 R284.1;人参汤为 R289.5。

交替类目 以"[ ]"标识交替类目,以注释说明采用的正式类目,例如:R[214]气功保健宜入 R247.44;R518.2[ ]性病淋巴肉芽肿入 R759.5 等。

动物实验与实验动物。凡文献中涉及动物、兽医学采用主类号 R——332,这一类号可以单独检索,也可与主类号组配检索,例如:动物传染病,用 R51 和 R——332 检索。

地理名称。地理名称为 RZ 类,排列在分类表的最后,中国地理名称包括各省(市)、自治区,例如:RZ2 中国;RZ21 北京市;RZ231 辽宁省;等等。可以单独检索,也可以与主类号组配检索,例如:北京市病毒性肝炎的流行病学调查,采用 R512.601 和 RZ21 检索。

(2)类名检索:检索入口设"类名"和"分类号"两个选项。默认检索项是"类名",键入类名,点击"查找"按钮,系统显示分类表中包含键入类名的全部类目。以检索类名"高血压"为例(如图 2-1-10 所示),左列显示含"高血压"的全部类名,同一行中间一列是其分类号,右边一列是命中文献数。点击"高血压",进入复分号选择页面(如图 2-1-9 所示),后面步骤同前。往往输入的类名检索结果为零,只能从分类导航逐级的查找相关类目。检索入口如果选择"分类号",必须在输入框键入"分类号",点击"查找"按钮,进入复分号选择页面。

图 2-1-10 类名检索界面

4.期刊检索

CBM 将收录的 1 600 多种中国生物医学期刊,建成"期刊表",可查找期刊编辑出版信息,某学科的期刊种类,检索某种期刊的文献题录。点击页面上方的"期刊检索"按钮,即进入期刊检索页面(如图 2-1-11 所示)。检索入口设"刊名"、"出版单位"、"出版地"、"期刊主题词"和"ISSN"5 个选项。输入相应检索词,系统显示含输入词的相关期刊表,点击期刊名,进入该刊的页面,提供该刊的详细信息列表,可以了解该刊学科主题信息、出版频率、编辑部联系方式等,有助于辅助投稿。期刊页面设置了年代、刊期(默认为全部)及"本刊中检索"输入框,可以在本刊中检索相关内容的文献。

图 2-1-11　期刊检索界面

(1)期刊分类导航:是期刊的分类表,通过"期刊导航"逐级浏览,可以了解某学科方面的全部期刊,进而选择具体期刊信息并进行检索。

(2)首字母导航:是期刊刊名的字顺表,按刊名首字拼音字顺链接。

5.作者检索

作者检索可以在"字段检索"查询,也可以点击"作者检索"按钮进入作者检索页面查询。"作者检索"新增"作者机构限定检索"功能,以查找"安徽医科大学附属医院丛林主任"以第一作者发表的文章为例,检索步骤如下:

进入"作者检索"页面,在输入框输入"丛林",勾选"第一作者"(如图 2-1-12 作者检索 1 所示),点击"下一步"按钮,系统显示作者姓名中包含"丛林"的 16 个作者列表(如图 2-1-12 作者检索 2 所示)。点击"丛林",显示丛林(包括同名同姓)发表的 60 篇文献题录。如果要排除同名同姓的作者,点击"下一步"按钮,系统显示"作者机构分布"列表(如图 2-1-13 所示),共有 40 个表达形式不同的机构名称,选择该作者所在机构,然后点击"完成"按钮,显示最终检索结果共 14 篇。

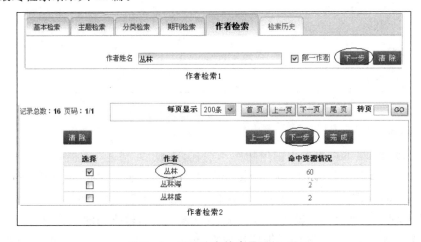

图 2-1-12　作者检索界面(1,2)

作者机构分布	命中资源
□ 丛林 中国医学科学院 北京协和医院基本外科,100730	1
□ 中国医学科学院 中国协和医科大学北京协和医院外科 100730	1
□ 中国协和医科大学北京协和医院外科 100730	1
□ 北京军区总医院全军皮肤病诊治中心,北京 100026	1
☑ 合肥安徽医科大学第一附属医院妇产科 230022	5
□ 大连中国人民解放军第210医院烧整形科 116021	1
□ 威海市立医院,山东威海 264200	1
☑ 安徽医科大学第一附属医院妇产科 230022	1
☑ 安徽医科大学第一附属医院妇产科 230032	1
☑ 安徽医科大学第一附属医院妇产科,合肥 230022	1
☑ 安徽医科大学第一附属医院生殖中心,合肥 230022	1
☑ 安徽医科大学附属医院	1
☑ 安徽医科大学附属医院 230022	1
☑ 安徽医科大学附属医院妇产科	1
☑ 安徽医科大学附属医院妇产科 230022	1
☑ 安徽医科大学附属医院妇产科教研室,合肥 230022	1

图 2－1－13 作者检索界面(3)

6. 检索历史

点"检索历史"按钮,系统显示检索历史页面,完成一个恰当的检索往往需要多个检索式,检索史保存当前所有检索表达式及检索结果,按照时间顺序从上到下自动编号依次显示检索式,最新的检索式总在最上方。可根据需要从中选择一个或多个检索式用逻辑算符 AND、OR 或 NOT 组织一个满意的检索策略。要删除某个检索式,选中其前方的复选框,然后点"清除检索史"按钮即可删除。超时退出系统,检索历史仍然保留,可继续检索。如选择"退出系统",检索历史清除。一次检索最多能够保存 100 条检索式。

保存策略:对已注册的用户提供该项功能服务。用户对感兴趣的需要长期跟踪的选题,可以选择编辑好的一个或一组检索式,点击"保存策略",输入策略名,点击"确定"(如图 2－1－14 所示),保存成特定的"检索策略"。在"我的空间"中可定期调用该检索策略(见"我的检索策略"如图 2－1－19 所示),及时获取最新信息。

图 2－1－14 检索策略保存界面

(三)检索结果的显示、输出、链接、分析及原文索取

新版检索结果页面显示非常友好,各项功能栏目非常清晰。左边是检索结果显示区,右边滑动窗口是检索结果管理区,设置了对检索结果进行排序、显示、输出、分析等各种选项和按钮(如图 2－1－15 所示)。

1. 检索结果显示区

默认是题录格式,包括"标题、作者、作者单位、出处"4 个字段,作者、刊名、年卷期、主题相关提供相关检索链接。例如在图 2－1－15 中点击"作者"字段中"叶冬青",检索出叶冬青发表的文献;点击"中国卫生检验杂志",检索该期刊收录的所有文献;点击"2008;18(2)",检索该期刊该期收录的文献;点击"参考文献",显示该篇文献的参考文献;点击"主题相关",检出与该篇主题内容相关的文献;点击"我的数据库"按钮可以将当前文献到保存到"我的数据库",在"我的空间"中可随时调用浏览;点击"原文索取"按钮,可以登录原文索取服务系统。记录前设选择框,可对感兴趣的题录选择标注,进行显示、保存、排序和分析。如果单位订购了维普中文数据库,在标题后提供 PDF 格式全文链接。

图 2-1-15　检索结果界面

2. 检索结果管理区

(1)排序方式:对检索结果排序,下拉菜单设作者、年代、期刊、相关度 4 种排序方式的选项。系统支持的最大排序记录数为 65 000 条。

(2)显示格式:设 3 种选项。默认为题录格式,文摘格式除显示题录格式的内容外,还显示摘要、分类号、关键词、主题词、特征词字段,关键词、主题词、特征词均提供相关文献链接。详细格式显示全部字段。

(3)输出范围:限制输出的记录和输出方式,输出方式设"保存"、"打印"和"E-mail"3 种,显示格式、排序设置对输出同样有效,输出条目不超过 500 条。

(4)显示条数:每页显示记录数设 20,30,50,100 条 4 种选项。

(5)结果分析:支持对检索出来的文献从作者、出版时间、作者单位、来源期刊、加星主题词(主要主题词)和文献类型等不同角度进行辅助分析,可以多角度分析某机构或某学科领域发表论文的情况,以了解该领域的主要研究人员、研究热点、学科发展轨迹和趋势、核心期刊等信息。例如:检索 CBM 数据库收录的安徽医科大学作者发表的文献共 15 972 篇,对检索结果进行分析。点击"结果分析",进入该页面(如图 2-1-16 所示)

图 2-1-16　检索结果分析界面

设置选项:"分析内容"选"作者","分析数量"应该大于检索结果,选"20 000",分析结果显示选项最多选 50 条,排序一般选择记录数量,点击"结果分析",结果按作者发表文献数量列表显示(包含合作者文献)(如图 2-1-17 所示),从表中可以看出,排在前面的作者都是我校重点学科的带头人。再按"来源期刊"分析(如图 2-1-17 所示),从表中可以看出,前 10 位基本上是安徽医科大学出版的杂志,其中比例最大是"安徽医科大学学报",说明我校主办的杂志为我校作者发表文章，进行学术交流提供了重要园地。按主题分析，安医大作者发表文献有关肿瘤方面的最多，其次是遗传。按出版时间分析，安医大作者发表文献量逐年增多，对检索结果还可以深入进行相关方面的计量分析。

记录浏览	分析内容：作者	记录数量	百分比	柱状图
1	张学军	343	2.1475%	
2	李俊	316	1.9785%	
3	叶冬青	286	1.7906%	
4	杨森	271	1.6967%	
5	徐叔云	252	1.5778%	
6	魏伟	246	1.5402%	
7	陶芳标	219	1.3711%	
8	耿小平	200	1.2522%	
9	陈志武	166	1.0393%	
10	汪渊	157	0.9830%	
11	余永强	157	0.9830%	
12	吴强	152	0.9517%	
13	杨明功	151	0.9454%	
14	明亮	147	0.9204%	
15	曹云霞	146	0.9141%	
16	胡志	144	0.9016%	
17	孟翔凌	144	0.9016%	
18	韩卉	140	0.8765%	
19	王明丽	140	0.8765%	
20	许建明	138	0.8640%	

图 2—1—17　检索结果分析(按作者)

记录浏览	分析内容：来源期刊	记录数量	百分比	柱状图
1	安徽医科大学学报	3006	18.8204%	
2	安徽医学	723	4.5267%	
3	安徽医药	529	3.3120%	
4	中国药理学通报	451	2.8237%	
5	中国农村卫生事业管理	369	2.3103%	
6	中国临床保健杂志	334	2.0912%	
7	疾病控制杂志	261	1.6341%	
8	中国学校卫生	215	1.3461%	
9	肝胆外科杂志	178	1.1145%	
10	临床与实验病理学杂志	150	0.9391%	

图 2—1—18　检索结果分析(按来源期刊)

(四)我的空间

使用“我的空间”功能，必须注册个人用户。注册后，可以随时登陆“我的空间”。

1. 我的检索策略

进入该页面，显示已保存的检索策略(如图 2—1—19 上图)。点击其中要跟踪课题的检索策略“肝肿瘤”，显示以往保存的一个或一组检索表达式(如图 2—1—19 下图)，点击“最新文献检索”，对末次检索后至今数据库中新添加的文献进行检索，以追踪获取该课题的最新文献。检索后记录下更新日期。删除检索策略，是将不再需要的检索策略删除，用于清理检索策略。

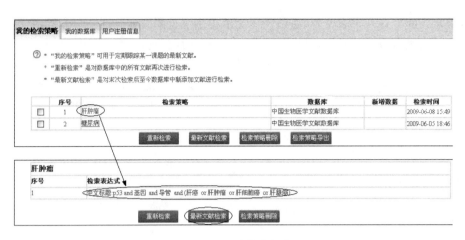

图 2—1—19 我的空间界面

2.我的数据库 用于在检索过程中随时保存检索结果,供再次查阅或索取原文。

(五)检索举例

例 1 检索"宫外孕诊断"的综述文献。

基本检索(自由词检索):在输入框输入(宫外孕 or 输卵管妊娠 or 腹腔妊娠 or 异位妊娠)and 诊断 → 点击"检索" → 点击"限定检索",选择"综述" → 点击"确认" → 再点击"检索" → 得到检索结果 → 点击检索史。检索式为:

(宫外孕 or 输卵管妊娠 or 腹腔妊娠 or 异位妊娠)and 诊断 —限定:综述。

主题检索:进入主题检索页面,在输入框输入宫外孕,查找不到宫外孕的主题词,重新输入"输卵管妊娠",查找到主题词为"妊娠,输卵管",点击该主题词 → 进入该主题词的注释表 → 阅读该主题词的树结构 → 选择其上位主题词"妊娠,异位"→ 选中副主题词"诊断" → 点击"主题检索",输入框显示主题词检索式 → 点击"限定检索",选择"综述" → 点击"确认" → 再点击"检索" → 得到检索结果 → 点击检索史。检索式为:

主题词=="异位,妊娠/DI/PA/RA/RI/US/全部树"—限定:综述

自由词和主题词联合检索,可以提高查全率,将以上 2 次检索结果序号选中,用"or"运算。

例 2 检索"安徽医科大学作者近五年发表的国家资助课题的论文"。

进入基本检索页面,检索入口选"基金",在输入框输入"国家" → 点击"检索" → 检索入口再选择"地址",在输入框输入"安徽医科大学",选择"二次检索" → 点击"检索" → 检索入口再选择"出版年",在输入框输入"2005—2009",选择"二次检索" → "题录格式改成详细格式" → 点击"显示" → 基金字段中是基金资助机构及项目名称 → 点击检索史。检索式为:

((＄基金:国家)and(＄地址:安徽医科大学))and(＄出版年:2005—2009)。

练习题

1.检索"艾滋病流行病学"的综述文献。

2.从主题词途径检索"肿瘤与基因"的文献。

3. 检索安徽医科大学李俊教授近五年发表的文献。
4. 从期刊检索途径查找病理学方面的期刊有几种？

（熊慧萍）

第二节 PubMed

一、概述

PubMed(http://www.ncbi.nlm.nih.gov/PubMed)是因特网上使用最广泛的免费的MEDLINE,是美国国家医学图书馆(NLM)所属的国家生物技术信息中心(NCBI)于2000年4月开发的,基于WEB的生物医学信息检索系统,它是NCBI Entrez整个数据库查询系统中的一个。PubMed界面提供与综合分子生物学数据库的链接,其内容包括:DNA与蛋白质序列,基因图数据、3D蛋白构象,人类孟德尔遗传在线,也包含着与提供期刊全文的出版商网址的链接等。

PubMed系统的特征工具栏提供辅助检索功能、侧栏提供其他检索如期刊数据库检索、主题词数据库检索和特定文献检索。提供原文获取服务免费提供题录和文摘,可与提供原文的网址链接,提供检索词自动转换匹配,操作简便、快捷。

二、数据库收录情况

PubMed医学文献检索服务系统,其数据来源主要有:MEDLINE、OLDMEDLINE、Record in process、Record supplied by publisher等。数据类型:期刊论文、综述、以及与其他数据资源链接。

MEDLINE收录1966年以来的包含医学、护理、牙科、兽医、健康保健系统及前临床科学的文献1 600万余条书目数据(2005年数据),记录的标记为[PubMed-indexed for MEDLINE]。这些数据来源于70多个国家和地区的4 800多种生物医学期刊,近年数据涉及30个语种,回溯至1966年的数据涉及40个语种,90%左右为英文文献,70%~80%的文献有著者撰写的英文摘要。

In Process Citations 1996年8月开始,每天收录由MEDLINE的期刊出版商提供的尚未经过规范化处理的数据,该库中的记录只有简单的书目信息和文摘,记录标记为[PubMed — in process]。当该库中的数据被标引MeSH词、文献类型及其他数据时,每星期转入Medline一次,而被处理前的数据从该数据库中删除。

OLDMEDLINE:含1950年至1965年期间发表的200万篇生物医学文献。OldMedline的记录没有MeSH字段和摘要,记录的标记为:[PubMed — OLDMEDLINE for Pre1966]。

Publisher—Supplied Citations (Articles Not in MEDLINE or In Process)由出版商提供的电子文献,每条记录标有[PubMed — as supplied by publisher]。这些文献包括二种来源:MEDLINE收录范围的文献,每日将被添加到In Process Citations中去,换上[PubMed — in process]的标记,并被赋予一个MEDLINE的数据识别号UI;不属于MEDLINE收录范围的文献则只有PubMed数据识别号PMID而没有MEDLINE UI。

三、检索字段及检索原理

(一)检索字段标识

该数据库主要文档数据 MeSH 转换表(MeSH Translation Table)、期刊刊名转换表(Journal Translation Table)、短语表(Phrase list)、作者索引(Author Index)。检索字段及字段标识符(表 2－2－1)。

表 2－2－1　PubMed 字段名表

字段名	字段标识符	含义
Affiliation	[AD]	指联系地址,包含第一作者(主要作者)或其他作者的研究所和联系地址
All Fields	[ALL]	指 PubMed 所有检索字段
Author	[AU]	包含文章的所有作者
Corporate Author	[CN]	团体作者
EC/RN Number	[RN]	指酶学委员会统一规定的对每一个酶的特定的编号,同时也包括 CAS 登记号
Entrez Date	[EDAT]	文献加入 Entrez 时间
Filter	[FILTER]	过滤器
First Author Name	[1AU]	第一作者
Full Author Name	[FAU]	全称作者
Issue	[IP]	指文献出版杂志的期次
Journal Title	[TA]	指文献出版杂志的名称
Language	[LA]	指文献语种
MeSH Date	[MHDA]	文献加入 MeSH 词的时间
MeSH Major Topic	[MAJR]	包含 MEDLINE 检索系统认为最重要的 MeSH 医学主题词表
MeSH Subheadings	[SH]	副主题词字段
MeSH Terms	[MH]	包含所有用来检索 MELINE 的医学主题词
NLM Unique ID	[JID]	NLM 标识号
Pagination	[PG]	指文献在杂志中的起始页
Personal Name as Subject	[PS]	人名作为主题
Place of Publication	[PL]	出版地
Publication Date	[DP]	指文章出版日期(年－月－日)
Publication Type	[PT]	出版类型
Publisher Identifier	[AID]	出版商标识
Subset	[SB]	子集数据库
Substance Name	[NM]	指与文献相关的化学物质在化学文摘检索 CAS 中登记的名字和在 MEDLINE 库中的物质名称
Text Words	[TW]	包括文章标题目、摘要中出现词以及 MeSh 词表和化学物质名称中的个别词
Title	[TI]	仅包括文献标题中的词
Title/Abstract	[TIAB]	文献标题和摘要字段
Transliterated Title	[TT]	非英文语种文献标题
UID	[PMID]	指 PubMed 给每条引录文献的特定标识号
Volume	[VI]	指文献所在杂志的出版卷次

(二)自动转换匹配功能(Automatic Term Mapping)

对于输入检索框中的检索词,PubMed 将按一定的词表顺序进行对照、匹配和转换,然后进行检索。其顺序是:MeSH 转换表(MeSH Translation Table)、期刊刊名转换表(Journal Translation Table)、短语表(Phrase list)、作者索引(Author Index)。如果在以上 4 个表中都找不到相匹配的词,PubMed 将把短语分开,以单词为单位,分别重复以上的过程,检索时各个词之间是 AND 逻辑关系。如果仍然找不到相匹配的词,则用单个词在所有字段查找,各个词之间也是 AND 逻辑关系。

(三)短语检索(Phrase Searching)

也可称为"强迫词组检索",即如果要将短语作为一个词组进行检索,可用双引号""将其引起来,作为词组进行检索的词,系统不进行自动转换匹配,也不进行 MeSH 词扩检。

四、检索途径

(一)基本检索

进入 PubMed 的主界面(图 2-2-1),在检索框中输入任何具有实质性意义的词,包括自由词、主题词、人名和期刊名等,点击检索输入框旁边的按钮 Go,系统即自动匹配进行检索。

图 2-2-1 PubMed 主页界面

在此基本检索状态下可实行以下功能检索:
- ●键入一个或多个检索词,也可以输入缩略名,输入多个检索词时,可自动识别成词组,系统默认空格为 AND 组配。但词数太多时,则以逻辑与的方式识别,如可以将 protein di-

sulfide isomerase 识别成一个词，也有可能将其识别成"protein AND disulfide AND isomerase"尤其是出现数字等符号时不易识别成词组。

● 如果输入词是著者姓名，则需按姓在前用全称，名在后的规则输入，如：smith ab，如果名用缩写，系统自动进行截词检索；如果只输入姓则系统将在 MeSH 转换表和文本词表以及著者索引中进行匹配；2002 年以后出版的文献可利用作者姓名全称检索，如 julia s wong or wong julia s，利用第一作者方式检索时姓名不能采用全称形式；检索词后加上作者字段标识符，如 Davis pw［AU］,则系统只在作者字段进行检索。

● 如果输入期刊信息，则键入的杂志名称可以是全名，也可以是杂志名的 MedLine 缩写格式 或 ISSN 刊号。如：clin exp immunol。

● 如需进行字段限制，在检索词后用括号加上字段标识符如：hepatitis［ti］。

● 布尔逻辑运算式：在检索框中还可以输入逻辑符号但逻辑符号必须大写，执行顺序从左到右，可以用括号来改变此顺序。如（hepatitis b OR hepatitis c）AND（treatment OR therapy）。

● 截词检索：PubMed 中的截词符是"＊"，用于查找具有相同词根的词，如输入 cell＊会查出文章中包含有 cell，celliferous，cellophane，cells，cellular 等内容的文献。

注意：使用截词功能后，将关闭 MeSH 自动扩展及检索词匹配功能。

● 强迫短语检索：对 PubMed 不能识别检索的词组，需使用引号（半角状态下）标记词组"…"如"t-PA"、"Insight II"等，若键入：Insight II 则有可能分开识别成"Insight"和"II"两个词，以逻辑与"Insight AND II"的方式进行检索。注意：词组检索将关闭自动匹配和 MeSH 扩展功能，检索时将不包含更加专指的词即下位词。

● 自动扩展检索：系统自动对主题词、副主题词进行扩展检索，如：输入 hypertension therapy，系统自动检索高血压的药物治疗、饮食疗法等各种治疗副主题词。

（二）主题词检索（Mesh database）

Mesh database 相当于 Medline 光盘检索的 Thesaurus 功能，使用该项功能可选择规范化主题词、副主题词、查看词义注释、浏览树状结构表等。具体操作是：

● 点击 PubMed 界面左边的 Mesh database，进入主题词检索界面，输入检索词。如输入 liver cancer，点击右边的 Go 按钮，进入包括该主题词 liver neoplasms 在内的主题词轮排表。点击该条主题词右边的 Links 按钮，选择 或 即可进行主题词或主要主题检索。

● 如要对主题词、副主题词进行选择、限制等检索则需要点击该主题词，打开的页面显示可以和该主题词组配的副主题词、限定主要主题词（Restrict Search to Major Topic headings only）、限制下位词扩检（Do Not Explode this term）等其他修饰检索，还可浏览树状结构表。然后通过 Send to 下拉菜单中 Search Box with AND 和 Search Box with OR 或 Search Box with NOT 加入检索框进行检索。

● 以上打开主题词的界面释义：扩展（Explode）：选择一个主题词及其所有的下位词进行检索；主要主题词（Major Topic headings）：当标引人员为一篇文章确定 MeSH 词的同时，通常要进一步分析它为文章的主要论点还是次要论点，Major Topic headings 限制检出文献为文章的主要论点，在文献的 MeSH 词字段中有"＊"作标记，这意味着检出文献减少但内容更相关。副主题词（Subheadings）：主题词的某一方面，如：prevention and control 或

adverse effects。如对以上界面不选择限制,系统将自动进行主题词扩检和全部副主题词检索。

注意:医学主题词(MeSH)是由标引员为所有的 PubMed 记录所指定的词,标引员使用能恰当描述文章内容的最相关 MeSH 词,通常一篇文章可有几个 MeSH 词,PubMed 能自动地为输入的检索词寻找相应的 MeSH 词,用户利用一个 MeSH 词能找出所有含该主题词的文献。多数 MeSH 词还包括副主题词(subheadings),用户可根据课题内容挑选专门的副主题词,这些副主题词不仅适用于用户输入的 MeSH 词,而且还适用于该 MeSH 词的其他下位词。另外,PubMed 中的 MeSH 检索将查不到 Publisher－Supplied Citations 和 In Process Citations 中的记录,因为这些记录还未标引 MeSH 词,为查全有关某一主题的相关文献,需要同时采用文本词(free text)和主题词(MeSH)检索。

(三)高级检索(Advance Search)

点击检索输入框右侧 Advance Search 按钮可进行高级检索,新推出的高级检索界面分五个部分是集检索史、限制检索和索引预览于一体的检索界面(图 2－2－2)。其中 PubMed Search History、Search by Author, Journal, Publication Date, and more、Limit by Topics, Languages,以及 Journal Groups、Index of Fields and Field Values 四个部分,详见后面相应栏目介绍;该界面 Queries 还提供查找期刊、主题词和临床询问的快速连接。

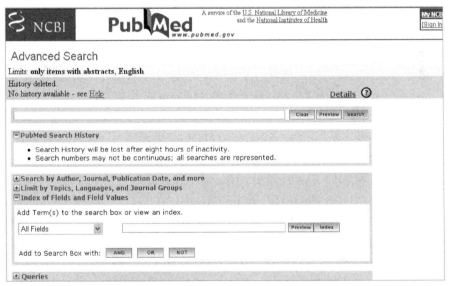

图 2－2－2 Advance Search 检索界面

(四)PubMed 的辅助检索功能

在检索输入栏下面是辅助检索栏(Feature Bar):包括 Limits、Preview/Index、History 和 Clipboard 四个功能按钮,有辅助检索的功能。

1. Limits(限制检索)

通过选择 Limits(图 2－2－3),选择不同的选项可以对课题进行限制检索,包括字段、年龄、性别、人或动物、语种、文献类型、出版年代以及子集数据库的限定等。

(1)Search by Author:选择该项对作者进行限制,可以加入多个作者,他们之间的关系:选择 All these authors 表示 AND,选择 Any of these 表示 OR。姓名的书写格式同前。

(2)Search by Journal:可输入一种或多种刊名或 MEDLINE 刊名缩写,结果可以从输入的任意期刊中查找。

(3)Links to full text,Links to free full text,Abstracts:检索结果可选择三项或任意项。

(4)Dates:在 PubMed 中有两种日期表示方式:出版日期和加入日期:Published in the Last 是文献出版时的日期；Added to PubMed in the Last 是条目最初被加入 PubMed 的日期。PubMed 中包括自 1966 年来出版的文献,新条目周二到周四加入,在默认状态下系统将检索从 1966 年起至最近 30 天的全部入库文献,可以把你的搜索范围设定在 30 天到 10 年,当使用 From、To 框输入一个时间段,以 YYYY/MM/DD 的格式输入日期(月和日可不填)。

(5)Human or Animal(人或动物实验):将搜索范围设定在人类或动物学范围 。Human or Ammal 在默认状态不限定人或动物研究组。如在方框中打勾可选择研究对象组进行限制检索。

(6)Gender(性别):将搜索范围设定在特定性别组。Gender 在默认状态下将不限定性别检索。如在方框中打勾可选择性别,可以选择 Female(女性)或 Male(男性)。

(7)Languages(语种):将搜索限定在某一语种,Languages 在默认状态下 PubMed 将不限定语种类型检索。在方框中打勾可选择在限定的语种中检索,主要语种有 English,French,German,Italian,Japanese,Russian,Spanish 等。

(8)Subsets(子集):设定搜索范围为 PubMed 数据库的某一子数据库,包括状态子集、杂志子集和主题子集。Subsets 在默认状态下将不限定文献检索领域。如在方框中打勾可选择在限定的领域内进行检索。包括的子集有 Core clinical journals(临床核心期刊)、Nursing journals(护理学杂志)、Dentaljournals(口腔医学杂志);AIDS(艾滋病)、Bioethics(生物伦理学)、Cancer(癌症)、Complementary Medicine(补充医学)、Systematic Reviews(系统综述)、History of Medicine(医学史)、Space life Science(宇航生命科学)和 Toxicology(毒理学);MEDLINE、OLDMEDLINE 和 PubMed Central 等。

(9)Type of Article(文献类型):将搜索限定在特定的文章类型(如综述),在默认状态下不限定出版物类型。在方框中打勾可选择文献类型,可以选择的出版物类型有 Clinical Trial,Editorial,Letter,Meta-Analysis,Practice Guideline,Randomized Controlled Trial,Review 等。

(10)Ages(年龄):将搜索范围设定在特定的年龄组。PubMed 提供了详细年龄组可供选择,Ages 在默认状态下将不限定年龄检索,如在方框中打勾可在选择的人类研究年龄组中进行检索。

(11) Tag Terms:将搜索范围设定在一个特定的域。在默认状态下 PubMed 在所有字段中进行检索,你也可以把搜索词限定在一个特定的域,打开下拉菜单选择你所需的字段域名,其中常用字段有 Afiliation(第一作者的所属机构、地址和基金号)、Author(作者)、EC/KNNumber(酶编号/CAS 登记号)、EntrezDate(文献收入 PubMed 数据库的日期)Journal Title(期刊名称)、Language(文献语种)、Title/Abstract(题目/文摘)等。

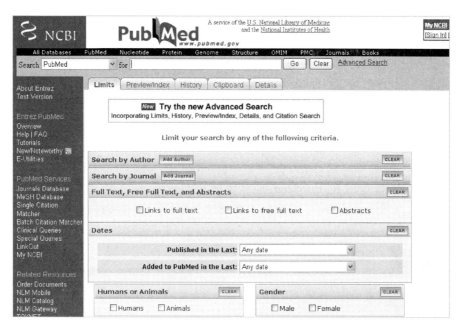

图 2－2－3　Limits 限制检索界面

注意：如果采用了 limits 检索功能，当你进入另一个检索界面时，limits 旁的方框将有相应的标识"√"出现。如果运行检索，您所选择的限制检索功能项将显示在 display 键上方的黄栏中。在运行下一个检索前关闭 limits，可以点击 limits 旁的小方框清除标识"√"，否则，下一个检索还受同样的条件限制。默认状态下为不进行限制检索。当用出版物类型、年龄、性别、动物和人等进行限制检索时，只能在 medline 中进行检索，而不包括 In Process 和出版商提供的文献。

2. preview/Index（预览/索引）

在实际检索工作中，Preview/Index 是很实用也很高效的一个工具（图 2－2－4）。在提问框内键入检索词后，点击 Preview，显示检索策略和检索结果的记录数。如果对检索结果不满意，可以一直进行加词修改检索策略，直到满意为止。也可以在特定的检索字段中向方案里加入查询词；从 Index 中查看并选择词语来修改查询方案。

（1）Preview（预览）：在输入框中键入检索词，然后单击 Preview，PubMed 返回的信息是条目的数量。通过增加一个或多个单词来修改查询方案，直到你满意，当修改查询时可以看到检索方案与查询结果的数量，点击检索结果数字（超链接）即可显示检索结果。Preview 显示的是历史记录中最近的三条记录，也可以点击检索序号"♯1"后，选择适合的逻辑组配符"AND"、"OR"、"NOT"，然后在提问框内键入检索词重新调整检索策略进行检索。向下滚动 Preview/Index 找到"Add Term(s) to Query or View Index"部分，使用下拉菜单确定一个检索字段，向文本框中加入词语，单击 Preview，向输入框中加入词语并且可以看到查询结果。注意 Preview 缺省是 AND 将查询词语连在一起的，你可以使用布尔运算符按自己的要求将他们结合起来，但你在使用布尔运算符将查询词语输入对话框以后，必须点击 Preview 才能看到查询结果。

（2）Index（索引）：可以从特定字段中选择以索引的单词，并把他们加入查询方案之中；可以查看某一个特定检索字段中词语列表；也可以使用布尔运算符来建立一个查询方案。

我们在"Add Term(s) to Query or View Index"栏目下,在 All Filds 下拉菜单中选择 MeSH Terms 作为检索字段,键入检索词 AIDS,点击 Index 按钮,PubMed 以字母顺序显示所选定检索字段中相关的词语,使用滚动条来上下移动列表,在单词右边的括号里显示的是包括此词语的文献的数量,使用 Up 和 Down 按钮按页上下翻动列表,对话框显示了检索词与记录的数量,按住 Ctrl 键,可以在列表中连续选择多个条目,当你所有需要的查询词都被高亮显示后,单击 AND 或 OR 或 NOT 任意一个都能将他们加入对话框用 OR 连接。

举例说明:使用下拉菜单选择 MeSH Terms,向文本框中加入词语 sars virus,点击 Index 后显示列表,按住 Ctrl 键选择 sars virus/genetics 和 sars virus/etiology 后单击 AND 将他们加入对话框,这时在 PubMed 的对话框中是这样的内容:"sars virus/genetics" [MeSH Terms] OR "sars virus/etiology"[MeSH Terms],点击 Preview 按钮查看查询结果的数量。

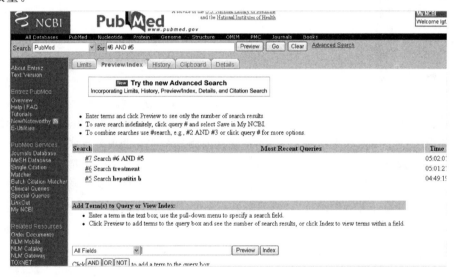

图 2-2-4 Preview/Index 界面

注意:Preview/Index 只显示最近的三次检索史,而用 History 按钮可以查看最近 100 次的检索史。

3. History(检索史)

点击特征栏上的 History 可查看检索史,PubMed 在 History 栏中保存所有检索策略和结果。只有在执行了一次检索后,History 中才能有记录,其内容显示有:检索序号、检索式或检索词、检索时间以及检索结果数,点击检索结果数字的超链可以浏览检索结果。可以在检索序号之间添加逻辑运算符进行检索,例如 ♯2 AND ♯6,或 ♯3 AND (drug therapy OR diet therapy),布尔运算符的字母必须大写,序号和逻辑算符之间必须空格,也可以点击检索序号选择逻辑运算符添加到输入框进行检索。另外,点击 Clear History 可以清除 History 和 Preview/Index 中的历史记录信息。

注意:History 最多能保存 100 个检索式,如果超出 100,系统将采取先出后进原则删除以前的检索式。如果两次查询内容相同,PubMed 会将头一次的去掉。History 中的记录将在停止检索 8 小时后消失。

4. Clipboard(剪贴板)

可以帮助你暂时保存或查看在一个或多个查询结果中选择的文献记录,然后就可以对 Clipboard 中的记录进行打印、保存、订购等处理了。当向 Clipboard 中添加记录时,先点击检索结果界面中文献记录左侧的复选框选中记录,然后选择 Send to 下拉菜单中的 Clipboard,则特征栏 Clipboard 变成 Clipboard *,点击 Clipboard * 可见被添加到剪贴板中的记录的序号数字变成绿色,一旦将文献加到 Clipboard 中,即可通过 Clipboard 查看所选的文献。加入 Clipboard 中的记录检索序号将被重新定为♯0,以便可以进一步进行布尔检索。例如:欲筛选 Clipboard 中所收集的记录中用英文发表的文献,可以在检索框中采用检索式♯0 AND english [la]检索,这种操作并不改变 Clipboard 中的内容。

如果想删除剪切板中的某些记录,先将其左面的复选框选中,然后选择 Send to 下拉菜单中的 clip remove;要想清空剪切板,不选任何条目,单击 clip remove 即可。

注意,如果你没有用复选框选择任何条目,而去点击 clipboard,PubMed 将会向其中加入 500 个条目。剪切板中的内容如果你八小时没有任何操作将会消失。

5. Details(检索词匹配详细说明)

特征栏中的 Details 功能键可以让用户了解 PubMed 系统通过自动词语匹配功能、句法规则转换出的实际检索策略。显示你正在进行的查询方案,包括查询词、MeSH 表映射与 PubMed 词语索引的映射。在 Query Translation 框内显示的是 PubMed 实际使用的检索策略和语法。该框下有四个区域:Result 区显示检索结果的记录总数,点击这个数字,可回到检索结果显示屏;Translation 区显示每个所输入词在不同字段的检索式;Database 区显示检索的数据库;User Query 区显示用户键入的检索词或检索式。

要对检索策略进行编辑可直接点击 Query Translation 框中的检索策略,将其增加、删除或修改后点击 Search 键,再一次检索。点击 URL 按钮可保存检索策略(详见本节"保存检索策略")。

(五)逻辑运算检索

在以下检索状态可进行逻辑组配检索:

在基本检索的输入框中可以直接输入逻辑算符进行检索词的连接;

在 History 中可以进行检索序号的逻辑组配;

在 Preview/Index 中可以进行检索序号的逻辑组配;

在 Mesh database 中通过选择 Search Box with AND、Search Box with OR 或 Search Box with NOT 可以进行主题词之间的逻辑组配。

(六)其他检索

PubMed 除了以上介绍的四种主要检索功能外,还提供了几种具有特色的检索方式。

1. Journal DataBase(期刊数据库检索)

点击 PubMed 界面左边的 Journal DataBase,进入期刊检索界面可以在检索输入框中输入刊名、刊名缩写、ISSN、刊名中的单个或若干个词来查找特定的期刊以及在期刊中发表的文献。

点击 links to full-text web sites 将列出 With full text links 有全文连接的期刊,With some free full text 有免费全文连接的期刊,Added in the last 60 days,是近60天被加入的期刊,可按照期刊刊名、提供商或日期字顺排列,在每个期刊列表中,每种期刊都列出提供全文的出版商或数据库的名称,以便获取全文。Journal DataBase 有以下二个主要功能:

(1)刊名缩写和全称之间的转换,如:输入 AIDS Public Policy J 可获得全称 AIDS & public policy journal 和 ISSN 等信息。

(2)另一个重要功能是提供网上全文期刊目录,对于哪本杂志被哪些数据库收录、收录了哪几年的都有详细的说明。由于数据库之间存在交叉收录现象,所以知道这些信息是非常有用的。links to full-text web sites 显示至目前为止 319 个出版商提供的期刊。期刊列表分三栏,左栏是刊名和出版商,中栏是刊名缩写和 ISSN 号,右栏是各出版商提供全文链接的年限。比如,要找 Diabetes, obesity & metabolism 中的一篇文章,查看期刊目录,发现 Diabetes, obesity & metabolism 被 Blackwell 和 等五个出版商收录了,而学校恰好购买了这二个数据库,于是就找到了全文。

2. Citation Matcher(引文匹配检索)

(1)Single Citation Matcher(单一引文匹配):通过填表的形式输入期刊的信息可以找到某单篇的文献或整个期刊的内容。用户可通过对刊名、出版年、卷号、期号、首页、作者名、第一作者等组配方式查找某特定文献。常用于查找著录信息不全的文献。

(2)Batch Citation Matcher(成组引文匹配):用一种特定的形式输入期刊的信息一次搜索多篇文献。

3. Clinical Queries(临床咨询):专门检索临床研究方法学文献,主要涉及治疗、诊断、病因、和预后四个分类,并提供强调选择,即敏感度(强调查全)或专指度(强调查准)。Clinical Queries 这一部分为临床医生设置,通过过滤的方式将搜索的文献固定在四个范围:治疗、诊断、病原学与预后。是获取循证医学信息的数据库(详见"循证医学信息检索"一章)。

4. Clinical Alert(临床警示)

从 1991 年开始,美国卫生健康研究所(NIH)不定期公布能引起死亡率和致病率升高的临床试验项目重要新闻稿。

5. 专科信息查找(Special Queries)

提供特定标题(topic-specific)的 PubMed 检索需求指引,为用户提供快速检索的入口。

五、检索结果输出

我们可以通过点击 Display 选择不同的显示格式,同时在 show 后的下拉菜单选择每页的显示数量可进行(5-10-20-50-100-200-500)最多每页显示 500 条数据。Sort by 可以利用检索结果的作者,期刊名或更新时间来进行排序显示。如果只显示其中的一条记录,点击所选的记录进入查看详细的摘要信息和数据库链接标志。

(一)显示检索结果

通过 Display 后面下拉式菜单,可以选择不同显示选项,显示不同字段,下面是常用的显示格式:

Summary 格式:包含的基本信息字段:作者,纪录中的所有作者都将被显示出来;论文题目,英语以外的语种的题目将被翻译成英语,并且加上括号;来源,提供文献所在期刊名的缩写、出版时间、卷期、页数,也包括语种(针对非英语文献);出版类型;没有摘要的文献将显示"No abstract avilaible";标识数字,提供 PubMed 标识(PMID)与 MEDLINE 唯一标识(UI)。

Brief 格式:显示的条目内容包括第一作者姓名、文献名的前 30 个字母、PubMed 唯一标识。

Abstract 格式:显示的条目内容包括来源期刊(期刊名简写、出版日期、卷、页数)、标题(非英语文献加方括号、下注原文语种)、著者、第一作者单位(地址)、文献类型、PMID、摘要,如有全文,还包含全文链接按钮(提供全文的数据库名称或出版商联系网站)。

Citation 格式:显示除 Abstract 内容外,还包括 MeSH 叙词、化学物质名称、资助项目号等字段。PubMed 在 Abstract 和 Citation 两种显示格式中提供全文链接按扭。

MEDLINE 格式:用两个字母作为字段标识符显示引文信息,显示 medline 数据完整格式主要用于书目型数据库的管理,不包括全文链接按钮。

(二)保存检索结果

Send to file:将所有检索结果以文本形式保存,用户可保存多至 10 000 条的文献,用对话框保存。

Send to text:将当前网页的检索结果以文本形式保存,用浏览器文件保存。

Send to clipboard:暂存需下载记录,多项检索后一起保存。将检索结果中选中的文献保存至临时剪贴板,用户可将从多次检索操作中获得的多至 500 条记录放到剪帖板(Clipboard)中。

Send to email:将检索结果以电子邮件形式进行传输。选定所需文献,选择所需的格式如若以 HTML 格式 email 文件,则无需改变第二个对话框,通过改变'Format'第二个选择框,实现以纯文本格式发送 email。

(三)保存检索策略

1. 在 MY NCBI 中保存检索策略

通过检索输入框后的 Saved Search 按钮或在检索史状态下点击检索序号用 Save in My NCBI 二种途径可以长期保存检索式。允许用户每月、每周或每天以 Email 方式接收系统对这些检索式进行自动更新的结果,从而大大方便了用户对课题进行定期检索的需求,在每个用户名下最多能存储 100 个检索式,用户在 My NCBI 中不能对已存储检索式进行修改,必须删掉旧的,再创建一个新的检索式。

注意:My NCBI 是用户在 NLM 计算机系统中用于存储检索式的个人使用空间,必须注册建立个人帐户,才能提供个性化服务。为使用 My NCBI,用户需将其 web 浏览器设置接受 cookies 状态,点击页面右上的 My NCBI 的 Register 进行注册即可。

2. 在 Details 中保存检索策略

从 Details 窗口,点击 URL 按钮,PubMed 将返回到检索结果界面。转化的检索策略将显示在检索框中,这个检索策略也将作为 URL,用浏览器的书签收藏功能可以将该检索式保存下来,备以后检索时调用。

(四)打印检索结果

对 Send to file、Send to text、Send to clipboard 所保存的记录,利用浏览器中的 print 功能执行打印操作,也可以用 Send to Printer 点击 Print 进行打印。

六、获取原文及相关资源

(一) PubMed 免费全文获取

在 PubMed 检出结果页面,若一条记录在网上有免费全文提供,则根据 Free Full Text 图标的指引实现全文链接。

利用 MY NCBI 的过滤器(Filters)中分类功能,可直接浏览 Free Full Text 全文。

直接点击 PMC (PubMed Central)可获得免费全文。

全文后的参考文献和引文中也提供免费全文。

对于 PubMed 中的检出记录,只要是属于 ProQest 及本校所定的全文数据库的收录范围,则通过点击相应记录 Links 下的 LinkOut 链接及获取全文的标志,即可直接获取该记录的全文。

通过电子邮件向作者索取。

(二)PubMed 付费全文

联机获取原文:在 PubMed 检出结果页面,在 Abstract 和 Citation 二种显示格式中,用户也可根据 Full Text 图标指引实现全文链接。

向 NLM 索取原文(order):PubMed 的 Order 功能提供的就是通过一些中介机构来获得全文的服务,这项服务通常是收费的。

(三)PubMed 相关资源

Related Articles(相关文献):PubMed 通过分析篇名、文摘及 MeSH 字段中出现词的权重值来筛选 PubMed 中与已查出文献相似的信息,点击 PubMed 文献题录右侧的 Related Articles 超链接,PubMed 将产生一系列以该文献为起始的相关文献,且其总列在首位;用户也可利用 Display 下拉式菜单中的 Related Articles,可找出与当前屏幕中显示内容相关的所有文献。

MY NCBI 过滤器(Filters)还提供有 LinkOut(按与外部机构提供资源的链接情况进行分类)、Links(按与 Entrez 其他数据库的链接情况进行分类)和 Properties(按研究领域进行分类)等三种类型的过滤条件,方便用户对检出的结果按预先设定好的过滤条件进行分类浏览。

PMC(PubMed Center)提供的生命科学期刊资源中心。

其他数据库资源(生物信息学等)。

七、检索举例

(一)基本检索

检索胃肿瘤(gastric cancer)与 p53 文献,要求查看检索式,保存检索策略。

检索步骤提示:在输入框中输入 gastric cancer p53 点击 Go→点击 History 查看检索史;点击 Details 查看该检索策略详细表达(图 2-2-5)。

图 2-2-5　Details 详细检索策略界面

(二)主题词检索(MeSH Database)

1. 检索肿瘤(cancer)与基因(genes)的相关文献

检索步骤提示：

(1)点击左栏 MeSH Database (或者在 Search 下拉菜单中选择 MeSH);

(2)在输入框输入 cancer 点击 Go,进入该主题词轮排表;

(3)在主题词 Neoplasms 前打"√",在下拉菜单中选择 Send to Search Box with AND 后,第一个主题词检索式被加入检索框待检;

(4)在此界面,再在输入框输入第二个检索词 genes 点击 Go;

(5)同样,在主题词 Genes 前打"√",选择 Send to Search Box with AND,点击 Search PubMed(图 2-2-6)完成检索。

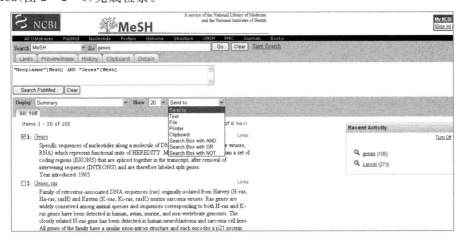

图 2-2-6　主题词联合检索界面

2.检索乙肝(Hepatitis B)药物治疗(Drug Therapy)的主要主题文献

检索步骤提示：

(1)点击左栏 MeSH Database(或者在 Search 框中选择 MeSH)；

(2)在输入框输入 Hepatitis B 点击 Go，显示主题词表中包含"hepatitis B"的 33 个主题词的轮排表；

(3)点击 hepatitis B，进入 hepatitis B 的详解词表、副主题词表及树状结构表(图 2-2-7)；

(4)选择副主题词 Drug Therapy，同时，在界面中间部分二个选择方框中勾选一个限制主要主题词 Restrict Search to Major Topic headings only；

(5)在下拉菜单中选择 Send to Search Box with AND，显示主题词检索框(可对检索式进行编辑)，点击 Search PubMed 完成检索。

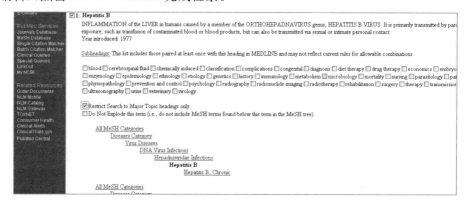

图 2-2-7　MeSH 注释及详解界面

3.检索微量元素(trace elements)与儿童发育(child development)关系的有关文献

其检索步骤如下：

(1)在检索框中输入 trace elements，点击 Go，进入该主题词轮排表；

(2)点击 trace elements 右边的 Links，为了提高课题的查准率，选择 PubMed — Major Topic 系统进行主要主题检索；

(3)同样方法对 child developmen 进行主要主题检索；

(4)点击 History 用 AND 将二个检索式的序号连接起来，即完成该课题检索。

(三)高级检索(Advance Search)

检索 costanza mc 等撰写的肺癌(lung cancer)与吸烟(smoking)关系的近 5 年的有摘要的英文文献。

检索步骤提示：

(1)点击 Advanced Search 进入高级检索界面(图 2-2-8)，在 Search by Author，Journal, Publication Date, and more 栏下的 Author 输入框中输入 costanza mc，在 Publication Date 输入框中输入 2005、2009 后选择 All of these (AND)。在 Limit by Topics, Languages, and Journal Groups 栏下选择 English、Abstracts。

(2)在输入框中输入检索式 lung cancer smoking 或 lung cancer AND smoking。

(3)点击 Search 按钮完成检索。

(4)点击题录结果中的作者姓名,得到文摘。

(5)点击文摘中原文出处下方的免费(free full text)图标获取全文。

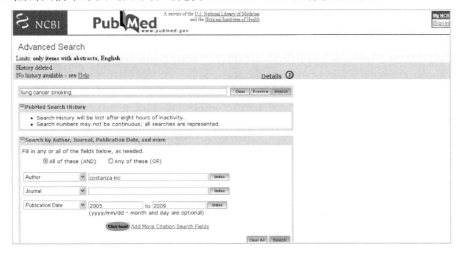

图 2-2-8　高级检索显示界面

(四)特定文献检索(Single Citation Matcher)

例:查找 Challis DE 作为第一作者发表于 Pediatric Research 2000,47(3):309-15 上的论文,并写出其他合著者。

检索步骤提示:

(1)进入 PubMed 主页,在主页的左侧栏中点击 Single Citation Matcher;

(2)按要求输入著者、刊名、卷、年等信息,点击 search 按钮;

2.下面是一篇论文后的参考文献,其中有几处错误,请改正过来。

　　Douglas DR, Charles JR, Thelma L, et al, Depiction of pelvic fractures using 3D volumetric holography: comparison of plain X-ray and CT. Journal of Computer Assisted Tomography, 1995, 19(6): 967-970.

检索步骤提示:

(1)输入"年,卷,起页"即可匹配出该条文献记录,进行比较查错;

(2)刊名未缩写,改成缩写格式;

(3)作者姓名缩写错误,姓未倒置,改成正确的缩写格式。

(五)PubMed Central 检索

检索刊名 Breast Cancer Research 中刊载的研究 P53 的有关文献。

检索步骤提示:

(1)点击主页左侧栏 PubMed Central 打开 PMC 界面,点击 Journal List;

(2)在输入框中输入 Breast Cancer Research、同时选择输入框下"Search for journal titles"后,点击 Search 按钮;

(3)在该刊的信息列表中(图 2-2-9),点击"Search this journal"栏 "Search" 按钮进

入另一个检索界面；

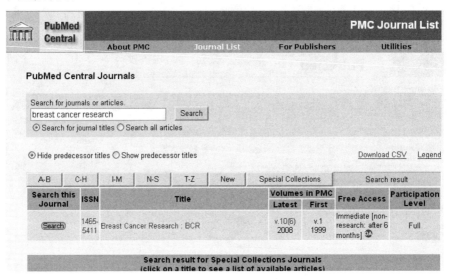

图 2-2-9 PMC 检索界面

（4）在 PMC 的输入框中输入 P53，点击 Go；

（5）检索结果表示在 Breast Cancer Research 中刊载的有关 P53 文献 335 篇，其中 334 篇可获免费全文。

(六)PubMed 提供的个性化服务

说明：只有申请 My NCBI，建立个人帐户，PubMed 才提供个性化服务。

●点击网页右上角[Register]进行注册登记后→点击网页右上角 My NCBI 或[Sign In]或检索结果页图标 进行登陆后，可提供个性化服务。

●登陆确认后 → 网页右上角[My NCBI]下出现 Welcome …… → 登陆成功。

●个性化服务（检索结果分类显示）：数据库默认的检索结果显示格式分 All 和 Review 两项，如果要增加显示结果分类项目，点击检索结果数字后面的图标 →点击 Frequently Requested Filters 显示供选择的内容，这些内容是 Limit 中的部分内容，分类显示，方便浏览；也可以通过点击 Search for Filters 后增加本馆已购买的数据库作为分类栏目，为获取全文提供方便。

举例：请把我馆已购买的 springer 全文数据库加入结果分类显示项，方便获取全文。

提示：点击 →点击 Search for Filters 后在输入框中输入 Springer →点击 Search →在 Springer 下方选择框中打勾选择。

Springer(website)

　　☑ Add as a result tab.

　　☑ Add as a link icon. 后显示"Filter has been added"加入分类项成功。在结果显示页即可如下分项显示（图 2-2-10）。

图 2-2-10　加入 Springer 检索结果分项显示界面

（李桂芳）

第三节　Biosis Previews

一、概况

Biosis Previews 数据库由美国"生物科学情报服务社"（Bioscience Information Service 简称 BIOSIS）创建。BIOSIS 是一个非赢利机构，于 1926 年建立于美国的费拉德尔菲亚（即费城）。该机构为公益事业，以促进生物学知识的发展、交流和利用为使命，创建了世界上最大的生命、医学书目参考文献数据库，为生命科学提供了重要的信息来源。

BIOSIS 将著名的印刷本 Biological Abstracts 和 Biological Abstracts/RRM（Reports，Reviews，Meetings）集合成一个电子数据库，它以高质量的数据库及对世界生物、生物医学文献的深度覆盖面而著称。它广泛收集了与生命科学和生物医学有关的资料，涵盖生命科学的研究主题，如生物学、生物化学、生物技术、医学、药学、动物学、农业等，收录世界上 100 多个国家和地区的 5 500 种生命科学期刊和 1 500 种非期刊文献如学术会议、研讨会、评论文章、美国专利、书籍、软件评论等，每年大约增加 28 万条记录。它有经过专门训练的生物学家为文献编制索引，保证了生物学内容的准确性。

二、检索途径

BP 网址：http://gateway.ut.ovid.com，安徽医科大学本校人员可使用校园网→电子资源→Biosis Previews，点击"Start Ovid"进入。完成检索欲退出数据库时，务必点击 Logoff 离线，完成正常离线操作。

BP 检索途径主要有：基本检索（Basic Search）、特定引文检索（Find Citation）、主题检索（Search Tools）、检索字段（Search Fields）、高级检索（Advanced Ovid Search）、多领域搜索（Multi-Field Search）。除此之外，还可以利用限制检索：Limits、More Limits 对上述检索进行各方面的限制。

该数据库使用的逻辑组配符为：AND（和）、OR（或）、NOT（非），截词符为：＊ 或 ＄（基本检索不可以用）。检索词为词组时用""将词组引起来。

(一)基本检索(Basic Search)

进入 BP 主页即是基本检索界面,在输入框中输检索词,检索词可以是单个的词或短语,用逻辑组配符表明词之间的逻辑关系,如输入框中的词之间有 or 同时又有 and 逻辑关系的情况下,必须将由 or 连接的词用"()"扩起来。

在基本检索中不同后缀的英文单词不能用截词符,该检索不支持截词检索。图 2—3—1 检索的是白血病的治疗:leukemia and (treatment or therapy or therapeutic),在 Limits 栏目选择限制:英语、论文、人类以及在出版年栏目限制了 2004 年至 2009 年。点击"search"完成检索。注:如要检查某单词的拼写是否正确,选中输入框下的 Check Spelling,如要将相关词的文献也检索出来,选中 Include Related Terms 。

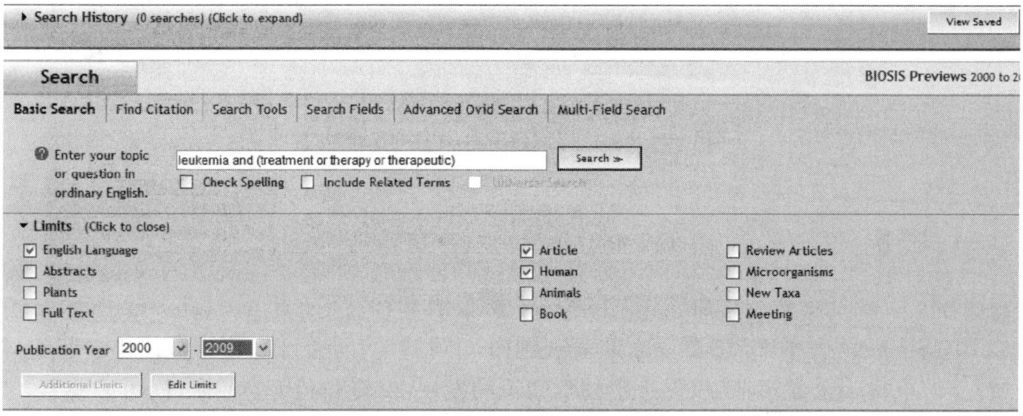

图 2—3—1 基本检索界面

(二)引文检索(特定文章检索 Find Citation)

如检索 2008 年刊登在 Pharmacotherapy(药物治疗)杂志 28 卷(11)期 1 374～1 382 页上的文章,将相关信息输入至相应的框中。刊名用全称不用缩写,但可以截词,截词需选中 Truncate Name(adds " * "),并在所输刊名后加" * ",在 Article Titles 栏也可以加入文章题目,在 Author Surname 栏目可以加入作者的姓氏,姓氏也可以截词。页数只能输文章的首页(first page)。

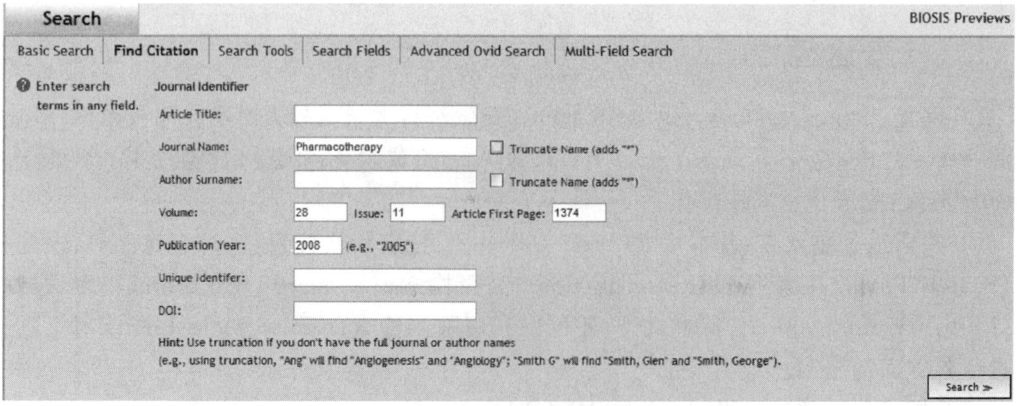

图 2—3—2 引文检索界面

(三)主题检索(Search Tools)

BP 提供的主题检索不规范,检索词很少有相应的主题词,多数还是作为关键词检索。Map Terms 为匹配主题词,Tree 为树结构,Permuted Index 为主题词轮排表,Scope Note 为范围注释,Explode 为主题扩展检索。

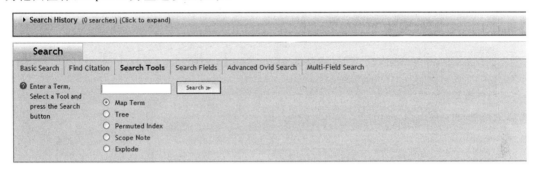

图 2-3-3 主题检索界面

(四)字段检索

点击 就呈现出可以用于检索的所有字段名极其缩写,检索者可以选择一个字段,在输入框中输入与字段相符的词检索。如选择原文语种(Language)多数语种输语种英文单词的前 3 个字母,如:English 输:Eng ,少数几个语种不同,如:Japanese —Jpn(日语),Malay—May(马来语),Romanian—Rum(罗马尼亚语)。选择文献类型(Literature Type)输 literature review,点击 Display Index"按钮系统会显示与所输词相关词表,再点击"Perform Search"即可进行检索。

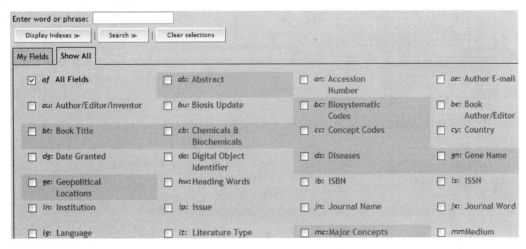

图 2-3-4 Biosis 字段检索

(五)高级检索(Advanced Ovid Search)

点击 Advanced Ovid Search 即进入高级检索状态。高级检索页面上的"Keyword"(关键词查询),关键词检索应考虑同义词,将属于同一概念的不同的词语或不同写法的词进行检索,防止漏检,关键词后可用截词符"*"或"$";"Author"(著者查询),作者姓名格式为:姓(全称),名(首字母),姓、名之间空一格,如:"Smith A",双名首字母间也要空一格如"Guidry C A";此外"Title"(篇名查询)、"Journal"(期刊名查询),刊名检索用全称或部分刊名。在输入框下有□Map Subject Heading,选中方框意为在输入框所输词对应主题词检索,但多数情况是对应不上合适的主题词的。图2-3-5中的检索为胃炎的诊断。

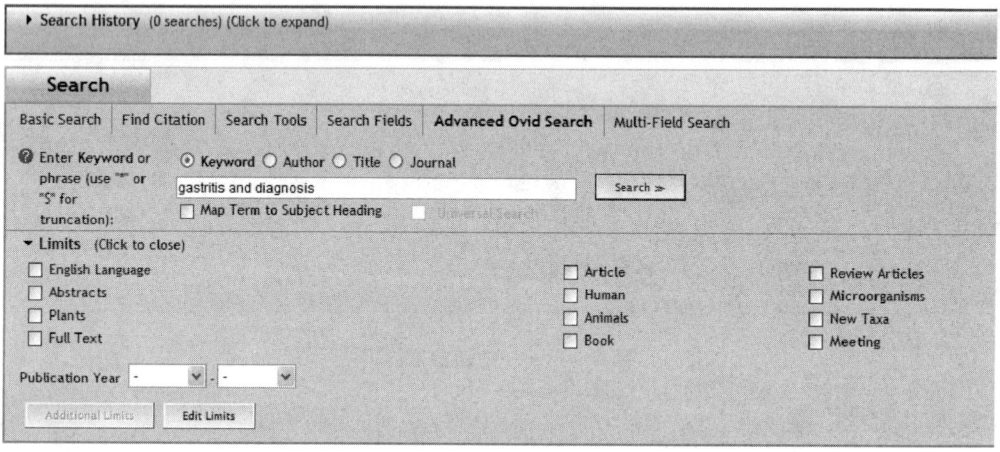

图2-3-5 高级检索界面

(六)多字段检索(Multi-Field Search)

点击Multi-Field Search进入多字段检索界面,在输入框中输词,在"Please Select"下拉菜单中选择字段,限制检索词在所选字段中检索。在输入框左侧选择逻辑组配符,如果输入框数不够,可以点击"Add New Row"增加输入框。该检索可以用截词检索。

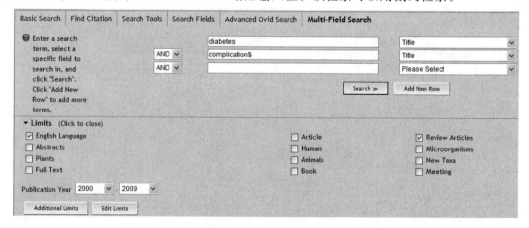

图2-3-6 多字段检索界面

(七)限制检索(Limits 或 Additional Limits)

在BP主页检索输入框左下方设有Limits,该栏目提供的限制方面,在其下方有Additional Limits,它提供的限制栏目较多较详细,可选择一项,也可用"ctrl"键选多项。

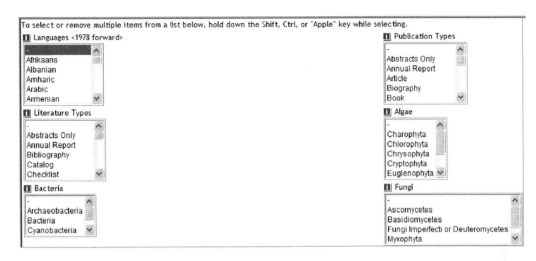

图 2-3-7　Additional Limits 页面

在 Biosis Previews 的主页面的输入框中直接输检索词,在其后接着输入某字段标识符,标识符前输入"."。再点击 Search 进行检索。

例如:

adenovirus. or

意为:查找"生物体为腺病毒的文献"。

(Nagoya Univ＄). in

意为:在单位地址字段查找"Nagoya"大学发表的文献。

allogeneic marrow transplantation. ti

意为:在文章篇名中查找"allogeneic marrow transplantation",(异体骨髓移植)文献。

三、检索结果的显示

数据库可以自动显示当前一条检索式检出的文献,位置就在限制列下面,点击主界面检索结果栏中的"Display",可以显示任何一条检索式的文献(见图 2-3-10 检索史)。系统显示文献的默认值是 10 篇,用户可根据需要点击该页面 Results 下的"Customize Display",然后在"Citation Per Page"后设置每页显示篇数。在该页还可以进行显示字段及显示格式的设置,点击"Reset Display"系统会自动还原。在检索出的文献题录右侧有"Abstract(文摘)、Complete Reference(详细显示)、Full Text(全文)、Library Holdings(图书馆收藏单位)、Internet Sources(英特网资源)"栏目,需要购买的全文注有"Pay Per View"。每条文献题录下有:Find Similar,该栏目提供与该条题录内容相关的文献。

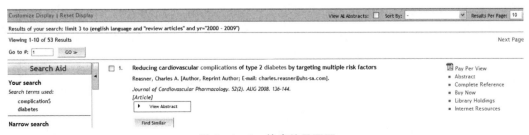

图 2-3-8　检索结果页面

四、文献管理器(Citation Manager)

文献管理器是在检索结果下载前对文献的显示、下载格式、下载方式进行设置或选择，然后下载。

Citation Manager 有如下栏目：

Results：设置显示篇数；数字之间可以用","或"and"来设置。（注：在 Results 的框中输入1～30，选择"Selected Results"，只显示1～30篇文章信息；选择"All on this page"显示默认1～10篇；选择"All in this set"显示该次检索所有文献篇数）。

Fields：设置显示字段；Citation(Title,Author,Source)显示题录（篇名、作者、出处）；Citation+Abstract 显示题录、文摘；Citation+Abstrac+subject Headings 显示题录、文摘、主题词；Complete Reference 详细显示；Select Fields 为选择其他显示字段。

Result Format：设置显示格式；

Actions：选择使用目的，display（显示），Print Preview（打印预览），email（电子邮件），save（下载）；Sort Keys（检索结果排序）。

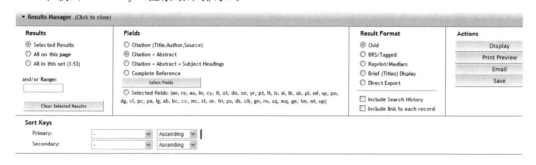

图 2-3-9 文献管理器界面

五、检索策略的显示、存储、安装及删除

显示检索史：一次只能显示最新执行的四次检索式，若要看到四次以上的检索策略，需点击 Display 右侧的"Expand"。如要回复原画面，点击"Contract"即可。在检索史中也可以将检索式进行组配，只需选中相关检索式，然后点击相关逻辑组配符即可。

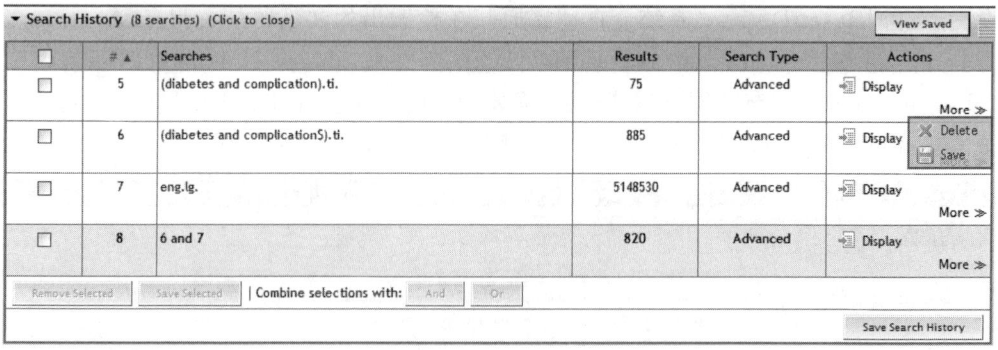

图 2-3-10 检索史

检索式的存储和删除需将光标移至 Action 栏目下 Display 后的 More，即出现 Delete

（删除）、Save（存储），删除检索式可以直接点击,存储者如果是新用户,需点击"Create a New Personal Acount"进行注册,已注册过的用户在该页面直接添入自己设的 Personal Acount Name 和 Password,在 Search Name 取文件名、在 Type 栏目选择存储时间,点击 Save 完成检索式存储的操作,或点击检索史右下角 Save Search History 按钮也可进行检索式的存储。

安装已经存储的检索式:点击检索式上方"View Saved",进入后选择需要装载的检索式,点击"Run"按钮即可完成其安装。如要删除检索式点击"Delete"按钮即可。该页面"Rename"、"Edit"、"Display"、"Email Jumpstart"栏目是可对已存检索式进行更改文件名、编辑、显示和发邮件等方面的操作。

练习题

1. 检索:肿瘤的基因疗法(tumor,cancer,neoplasms 肿瘤;gene therapy 基因疗法)。
2. 检索:人干细胞移植(stem cell 干细胞;trasplantation 移植;human 人)。
3. 查找"Medical & Pediatric Oncology"期刊刊载有关儿童（children）白血病(leukemi 的文献。

（朱康玲）

第四节　EMBASE

一、概述

由 Elsevier 公司出版的 EMBASE 数据库收录了世界上 70 个国家/地区出版的 3 800 多种期刊,涵盖大量的欧洲和亚洲的医学刊物,是获取权威的、高质量的以及最新的生物医学和药理学信息数据库。EMBASE 与 MEDLINE 数据库进行了整合,并从 MEDLINE 中去掉重复记录。目前 EMBASE.com 收录了来自 EMBASE 的 1974 年以来和 MEDLINE1966 年以来的 1 亿 8 000 万条记录。收录文献学科范围包括:药物研究、药理学、配药学、药剂学、药物副作用、毒物学;生物工艺学、生物医学工程与仪器;人类医学(临床与实验方面);基础生物医学;卫生政策与管理、药物经济学;公众卫生、职业卫生与环境卫生,污染;药物依赖性与滥用;精神病学;替代与补充医学;法医学;兽医学;牙科医学;护理学;替代性动物实验。URL 地址为:http://www.embase.com。

EMBASE 突出药物文献的收录和药物信息的反应:收录的文献中 40％以上与药物有关;药物方面的副主题词占副主题词总数的大半;有药物主题词字段(EMTREE drug index terms)、药物制造商名字段(Drug manufacturer,MN)、化学物质登记号字段(CAS Registry Numbers,RN)、药物商品名字段(Drug trade name,TN)。

二、检索途径

进入 EMBASE.com 主界面,有 4 个检索选项(如图 2－4－1 所示),分别为 Search

EMBASE、EMTREE keywords、Journals 和 Authors。其中 EMTREE keywords 是 EMBASE 的独立的主题词表检索系统。

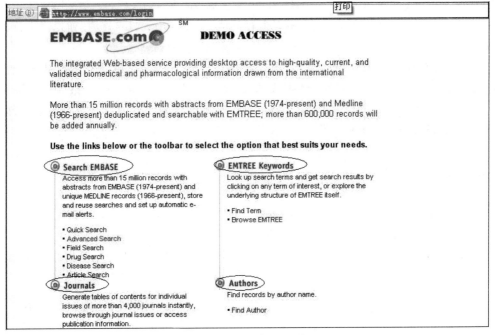

图 2-4-1　EMBASE 首页

(一) Search EMBASE

Search EMBASE 有 6 种检索形式：Quick Search(快速检索)、Advanced Search(高级检索)、Field Search(字段检索)、Drug Search(药物检索)、Disease Search(疾病检索)、Article Search(文章检索)

1. 快速检索(如图 2-4-2 所示)

使用自然语言(自由词)检索，可用单词或词组进行检索，检索词组时需加单(双)引号，词序无关，检索词不分大小写。限制选项：出版时间、人、动物、英文、是否带有文摘、是否选自主要期刊等。Records added within(7、14、21、28、45、60、90、120)days：只检索在选定天数内新增的记录。More Limits：显示更多限制选项，包括：EMBASE 或 MEDLINE 数据库选择、学科、出版物类型、语言、人类性别、年龄组、动物研究类型等。

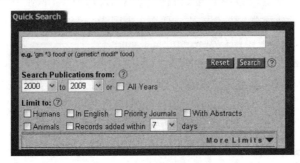

图 2-4-2　快速检索

2. 高级检索(如图 2－4－3 所示)

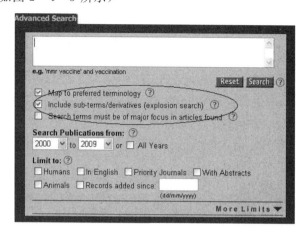

图 2－4－3　高级检索

(1) Map to preferred terminology：自动转换主题词并扩展检索。

(2) Include sub－terms/derivatives (explosion search)：扩展检索(检索主题词及其所有下位词)。

(3) Search terms must be of major focus in articles found：主要主题词检索。

3. 字段检索(如图 2－4－4 所示)

有 22 个字段选项,其中有 10 个字段提供了字段检索索引,帮助用户查出特定作者、药品名称或制造商名称等。可在特定的字段中任选一项或多项添加到输入框,可根据需求"and"或者"or"进行逻辑运算。例如,EMBASE classification (cl)(分类索引),提供 52 个类目选择,可以同时选择 2 个类用"AND"运算检索。

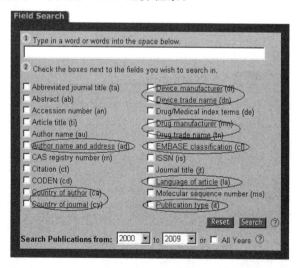

图 2－4－4　字段检索

4. 药物检索,即用药物名称检索(如图 2－4－5 所示)

另外设药物链接(Drug Links),提供 17 个药物副主题词连接,包括:adverse drug reaction(药物不良反应)、clinical trial(临床试验)、drug administration(投药方式)、drug analysis(药物分析)、drug combination(药物联用)、drug comparison(药物对比)、drug concentration(药物浓度)、drug development(药物开发)、drug dose(药物剂量)、drug interaction(药物相互作用)、drug therapy(药物治疗)、drug toxicity(药物毒性)、endogenous compound(内源性化合物)、pharmaceutics(药剂学)、pharmacoeconomics(药物经济学)、pharmacokinetics(药代动力学)、pharmacology(药理学)。自 2000 年 1 月起,新增 47 个投药方式连接词(Routes of Drug Administration),以增强检索词的专指性,帮助用户更精确地检索药物的某一方面的相关文献。例如:检索"阿司匹林口服给药的副作用反应"的文献,在输入框输入药物名称"aspirin",副主题词选择 Adverse drug reaction,给药途径选择 Oral drug administration,执行检索。

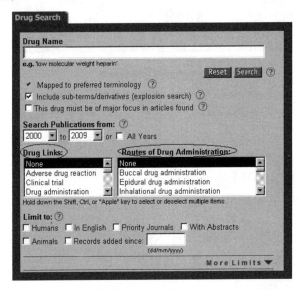

图 2—4—5　药物检索

5. 疾病检索(如图 2—4—6 所示)用疾病名称检索

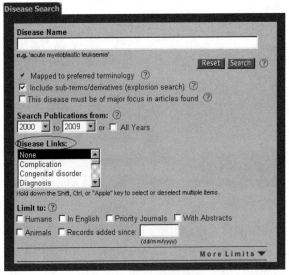

图 2—4—6　疾病检索

另外设疾病链接(Disease Links),提供14个疾病副主题词链接,包括:complication(并发症)、congenital disorder(先天性异常)、diagnosis(诊断)、disease management(疾病处理)、drug resistance(抗药性,1996年新增)、drug therapy(药物治疗)、epidemiology(流行病学)、etiology(病因学)、prevention(预防)、radiotherapy(放射疗法)、rehabilitation(康复)、side effect(不良反应或副作用)、surgery(外科手术)、therapy(治疗),以帮助用户更精确地检索疾病的某一方面的相关文献,提高相关性。可作单个或多个副主题词和逻辑算符的选择,例如:检索糖尿病并发症诊断的文献,在输入框输入疾病名称"diabetes",副主题词选择并发症和诊断,逻辑算符选择"And",执行检索。

6. 文章检索:可检索单篇文献(略)

(二)EMTREE Keywords(树结构关键词检索)

EM TREE Keywords 是 EMBASE 的主题词表检索系统。EMTREE 是 EMBASE 数据库对生物医学文献进行主题分析、标引和检索时使用的权威性词表。包含超过 48 000 条药物与医学主题词、200 000 条同义词(包括所有的 MeSH 词汇)配以 17 个药物副主题词、47 个投药方式连接词和 14 个疾病副主题词,检索的网罗度和专指度超过 MeSH。EMTREE 每年更新。树结构是主题词表的等级体系,共分 15 个大类。树结构检索设 3 个入口选项:Find Term(查找主题词),Browse by Facet(按类浏览),Browse A-Z(字顺浏览),可以通过不同的入口进入树结构,完成主题词检索。

期刊浏览(Journals)、作者检索(Authors)(略)。

三、检索结果的输出

检索结果显示有3种格式:题录格式,简短记录,详细记录。检索结果输出可按结果的相关性或出版年限来排序、粘贴、下载保存结果、发送到电子信箱。检索结果可以链接到 ScienceDirect 全文。

(熊慧萍)

第五节 Chemical Abstracts

一、概况

美国《化学文摘》(Chemical Abstracts,简称 CA)由美国化学学会化学文摘服务社(CAS)编辑出版,1907年创刊。CA 报道了世界上 150 多个国家、56 种文字出版的 20 000 种科技期刊、科技报告、会议论文、学位论文、资料汇编、技术报告、新书及视听资料,所报道的内容几乎涉及化学化工的所有领域,年报道文献量约 77 万篇,是化学和生命科学研究领域中不可或缺的检索工具。CA 提供印刷版、光盘版、网络版服务。

SciFinder 是美国《化学文摘》的网络版数据库,本节重点介绍 SciFinder Scholar 检索。

SciFinder Scholar 在充分吸收原书本式 CA 精华的基础上,利用现代机检技术,进一步提高了化学化工文献的可检性和速检性,更整合了 Medline 医学数据库、欧洲和美国等近 50 家专利机构的全文专利资料,以及化学文摘 1907 年至今的所有内容。它涉及应用化学、化学工程、普通化学、物理、生物学、生命科学、医学、聚合体学、材料学、地质学、食品科学和农学等诸多学科。它可以透过网络直接查看"化学文摘"1907年以来的所有期刊文献和专利摘要；以及八千多万的化学物质记录和CAS注册号。提供主题、著者、机构（组织）名称、化学反应、化学物质（结构、分子式）等丰富的检索途径。

二、SciFinder Scholar 可检索数据库

通过 SciFinder Scholar 检索平台，可以检索 MEDLINE 及以下 5 个子库：

1. CAPLUS（文献数据库）：收录 1907 年以来 150 多个国家出版的 9 500 多种期刊及其他文献，包括化学、生化、化学工程等相关学科的期刊、专利、会议录、技术报告、图书等最新文献和部分 1907 年以前的文献。目前该库累计文献量超过 2 500 万条，每天更新 3 000 条以上。可以用研究主题、著者姓名、机构名称、文献标识码进行检索。

2. CAS REGISTRY（物质数据库）：主要收录化学物质结构信息，包括有机化合物、生物序列、配位化合物、聚合物、合金、片状无机物等，全部有 CAS 登记号。目前该库物质记录总数超过 8 100 万条，最早可追溯到 1957 年，每天更新约 7 万条。可以用化学名称、CAS 化学物质登记号或结构式进行检索。数据每天更新。

3. CASREACT（反应数据库）：帮助用户了解反应式如何进行的。包含 1840 年以来的单步及多步反应。目前该库的反应记录超过 800 万条，文献记录超过 40 万条，可以用结构式、CAS 化学物质登记号、化学名称（包括商品名、俗名等同义词）和分子式进行检索。每周更新约 700～1 300 条。

4. CHEMCATS（商业来源数据库）：主要提供化学品来源信息，包括化学品目录、供应商地址、价格等。目前包含 740 余万条商业化学物质记录，来自 655 家供应商的 793 种目录。可以用结构式、CAS 化学物质登记号、化学名称（包括商品名、俗名等同义词）和分子式进行检索。

5. CHENLIST（管制信息数据库）：提供 1979 年至今的受管制化学品的信息，包括物质特征、详细目录、来源及许可信息等，数据来自 13 个国家及国际性组织。目前化合物详细清单已累计超过 23 万种，可以利用该数据库了解某化学品是否被管控，以及被哪个机构管控。每周更新记录 50 多条。

三、SciFinder Scholar 数据库的检索

SciFinder Scholar 数据库采用客户端/服务器模式，客户端必须安装检索软件。该软件在提供数据库使用的图书馆主页上都能免费获取。SciFinder Scholar 客户端软件启动后，系统自动进入检索主界面（图 2-5-1）。检索主界面分为菜单区、工具条区、检索区三个部分，检索区每个按钮都是一种检索途径的入口。

SciFinder Scholar 采用层级菜单式检索方式，可从信息检索、信息定位检索等途径获取到文献、物质和反应三类信息，并可通过 chemPort corulection 软件链接到部分文献全文。

图 2-5-1　SciFinder Scholar 任务菜单界面

(一)信息检索(Explore)

SciFinder Scholar 数据库将信息检索方式划分为文献、物质、反应三个检索子区,共六种检索途径。

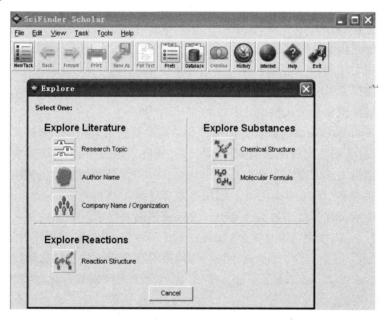

图 2-5-2　Explore 提供文献、物质、反应三个检索区 6 种检索途径

1. 文献信息检索(Explore literature)

可提供研究主题检索、作者检索和公司或机构名称检索。

(1)研究主题:点击检索区的 Research Topic 按钮进入研究主题检索。SciFinder Scholar 支持自然语言检索,不支持布尔逻辑运算符 AND,OR,但可使用 NOT 或 EXCEPT。对于输入的检索词,系统自动进行截词运算。系统建议在词之间的合适位置使用介词,包括 of,after,among,at,between,from,in,into,on,upon,within 等。如查找有关"自身免疫性疾病的治疗"的文献,最好输入"the treatment of autoimmune disorders"。运算符"( )"表示同义词检索,如输入"treatment of atherosclerosis(arteriosclerosis)",则表示 atherosclerosis 和 arteriosclerosis 都能检索。此外,还可通过 Additional Options 按钮对检索主题的出版年、文献类型、文种、作者、单位等进行限制检索。

当确定对输入的研究主题进行检索后,系统自动按照多种词间关系进行预检索,然后显示出多组检索结果。每组代表一种检索策略,检索范围逐级扩大,用户可以根据需要选择检索结果。其中"asentered"意指与输入的检索短语形式完全一致,"closely associated with one another"意指多个检索词出现在同一句子或标题中,"present anywhere within a reference"意指检索词出现在题目、摘要或索引中,"containing the concept"意指检索词或其同义词出现在记录任何位置。选定后,点击 Get References 按钮就可以得到文献列表。

(2)作者姓名:点击 Author Name 按钮进行作者姓名检索,可输入作者姓名或其中的名。如不确定作者姓名,可选择"alternative spelling"(可供选择的拼法)选项,但必须输入作者的姓。如果对姓和名均不确定,也可输入首字母。由于作者在不同期刊上发表的文章有可能使用不同的姓名形式,同一作者姓名可能会有若干种拼写方法,因此系统也会弹出候选姓名窗口,列出可能的姓名拼写形式,以供选择检索。

(3)公司/组织名称:点击 Company Name/Organization 按钮进入公司/组织名称检索窗口。检索时输入单位的全称、简称或比较熟悉的称呼均可。

2. 化学反应检索(Explore Reactions)

可以通过绘制化学结构、限定反应中的作用,或者通过 CAS 化学物质登记号、分子式检索化学反应的相关文献。

3. 化学物质检索(Explore Substances)

提供化学结构式和分子式检索。

(1)点击 Chemical Structure 按钮即可打开结构绘制窗口,使用结构显示区下方按钮选择原子和化学键,使用左侧按钮画出苯环、取代基、官能团等结构,绘制出要检索的化学物质的全部或部分结构。点击窗口下部的 Get Substances 按钮得到相关的化学物质。系统提供精确检索或相关检索、子结构或更复杂结构检索等选择。还可点击 Additional Options 按钮进一步限制检索条件。可通过 Get References 按钮限制检索该物质的制备、生物研究、分析研究、副作用、形成、使用等方面文献,或通过 Get Reaction 按钮,限制该物质作为产物、反应物、试剂来检索,可限制反应的步数、类别等,继而得到含有该物质的化学反应的文献。

(2)分子式:点击 Molecular Formula 按钮,通过分子式检索某一化学物质,输入分子式时注意区分大小写。

(二)信息定位检索(Locate)(图 2-5-3)

信息定位检索方式用于查找某一特定文献或物质信息,分为文献定位和物质定位两个子区,共三种检索途径。

●书目信息:点击 Document Information 按钮,通过作者姓、期刊名、出版年、文章标题等检索某一特定文献信息,或用专利号检索专利文献。

●文献标识符:点击 Document Identifier 按钮,利用文献编号进行检索。可通过 CAN

号、AN、专利号、专利申请号专利优先申请号及 PubMed 文献编号等进行检索。CAN 由 CA 的卷号和文摘号构成。检索时可输入多个文献标识符,但每行只能输入一个,不区分大小写。

●物质标识符:点击 Substance Identifier 按钮,通过商品名、化学名、CAS 登记号检索某一化学物质。注意每行只能输入一个。如要查多组分物质,则各组分之间应以英文状态下的句号"."相隔。

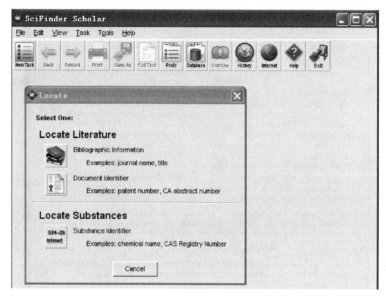

图 2—5—3 信息定位检索界面

(三)期刊目录浏览(Browse)

点击 Browse 按钮,可浏览该库全部期刊列表。选中某一期刊,点击 View 按钮,显示该刊最新一期目录。继续点击 Select Issue 按钮,查看该刊所有期次目录列表或通过全部期刊列表窗口 Edit 菜单的 find 命令查找所需期刊。但只有输入的期刊名与该库收录期刊名称完全匹配时才能检索到,且一次只能检索一种期刊。

四、检索结果

在结果显示界面(图 2—5—4),SFS 提供"Remove Duplicates(去重)""Analyze(分析)""Refine(过滤)"与"Get Related Information(相关信息)"四个功能按钮。"Remove Duplicates"除去多个数据库中的重复记录。"Get Related Information"进行引文与被引文分析检索,方便对选择文献进行所有涉及到的化学物质与化学反应进行再检索及网络中相关内容的搜索,大大扩展了检索结果。"Refine"对数据库、年代、语种、文献类型、合作者、作者机构、主题的进一步限定是许多数据库都提供的功能,而"Analyze"则是 SFS 的特色功能,其通过对检索结果的选择分析,以字顺或频率的顺序逐一输出分析得出的文献索引词、补充关键词、文献语种、发表年代、作者名、机构名、数据库、文献类型、杂志名、CAS 化学登记号或 CA 大类名称,用户可以深入了解所检结果,据此结果进行有选择的限定,"Analyze"的限定与"Refine"的区别在于:前者是在分析结果的基础上进行限定,后者是直接限定。"Analyze"也利于进一步选择更全面、更准确的检索词或进行专项分析工作。

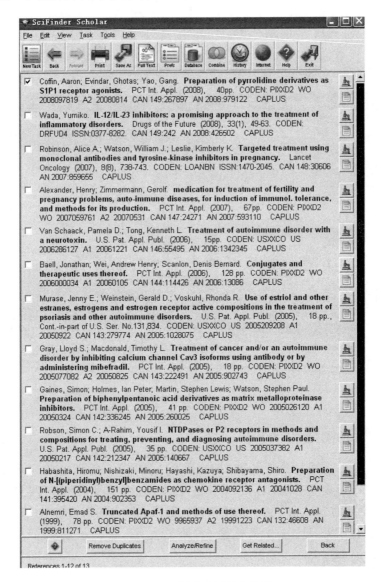

图 2-5-4 检索结果显示界面

(余 鸣)

第三章　中文全文数据库检索

第一节　中国知网数据库

一、概况

中国知网(China National Knowledge Infrastructure 简称 CNKI)是由清华同方光盘股份有限公司组织实施的中国知识基础设施工程,始建于 1995 年,是以实现全社会知识信息资源共享与增值利用为目标的国家信息化重点工程,由清华大学发起,同方知网技术产业集团承担建设,是"十一五"国家重大出版工程项目。中国期刊全文数据库、中国优秀硕士学位论文全文数据库、中国优秀博士学位论文全文数据库、中国年鉴网络出版总库、中国工具书网络出版总库隶属于中国知网设施工程。

中国期刊全文数据库(Chinese Journal Full-text Database,简称 CJFD):是经国家新闻出版总署批准、由中国学术期刊《光盘版》电子杂志社编辑出版的国际级期刊全文数据库,隶属于中国知识基础设施工程(CNKI)系列数据库。CJFD 收录自 1994 年至今(部分刊物回溯至 1979 年,部分刊物回溯至创刊)的中国国内 8 200 多种综合期刊与专业特色期刊的全文,内容覆盖自然科学、工程技术、农业、哲学、医学、人文社会科学等各个领域,全文文献总量达 2 300 多万篇。CJFD 依据《中图法》将收录的文献以"专题数据库"的形式设计 CNKI 知识仓库分类导航体系,将各学科、各门类的知识分为十大专辑 168 个专题。CNKI 中心网站及数据库交换服务中心每日更新 5 000～7 000 篇,各镜像站点通过互联网或卫星传送数据可实现每日更新,专辑光盘每月更新,专题光盘年度更新。

中国优秀硕士学位论文全文数据库:收录 1999 年至今的全国 652 家硕士培养单位的优秀硕士学位论文,总数约 40 多万篇,是目前国内相关资源最完备、高质量、连续动态更新的中国优秀硕士学位论文全文数据库。

中国优秀博士学位论文全文数据库:收录 1999 年至今的全国 420 家博士培养单位的博士学位论文,总数近 6 万篇。

中国年鉴网络出版总库:收录 1949 年至今中国国内的中央、地方、行业和企业等各类年鉴的全文文献,总量达 650 多万篇,是目前国内最大的连续更新的动态年鉴资源全文数据库。该数据库内容覆盖基本国情、地理历史、政治军事外交、法律、经济、科学技术、教育、文化体育事业、医疗卫生、社会生活、人物、统计资料、文件标准与法律法规等各个领域。中国年鉴网络出版总库有年鉴整刊导航、初级检索、高级检索和专业检索四种检索途径,检索方法与全文库相似。

中国工具书网络出版总库:收录了近 200 家出版社出版的字典、词典、百科全书、图录、表谱、手册、名录等共 3 000 多部,含 1 000 多万个条目,70 万张图片,向人们提供精准、权威、可信的知识搜索服务。其内容涵盖自然科学与人文社科各领域。该库为"十一五"国家重点电子出版物规划选题和国家重大网络出版工程。该库有初级检索和组合检索两种检索途径。

中国知网数据库的检索分单库检索(直接点击某个数据库进行检索)和跨库检索(在选择的在多个数据库中同时检索)两种方式(界面)。下面以中国期刊全文数据库(单库检索)为例介绍它的使用方法。

二、检索界面

进入安徽医科大学图书馆(http://lib.ahmu.edu.cn)的中国学术期刊(本地镜像或网上包库)后,点击中国期刊全文数据库,即可进入检索主界面(图3-1-1)。

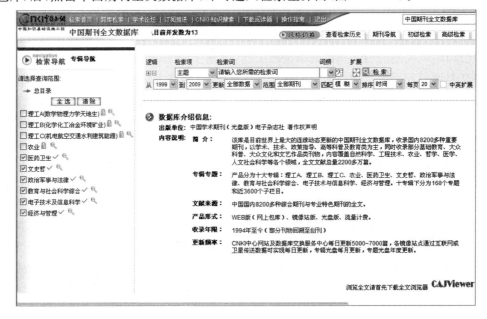

图3-1-1 期刊全文库主界面

三、检索途径与方法

中国期刊全文数据库有初级检索、高级检索、专业检索、期刊导航和学科专题检索五种检索方法。

(一)学科专题检索

学科专题检索就是利用学科分类导航体系逐步细化,最终检索出最小知识单元包含的论文。这种检索途径主要是使用专辑导航区。

例如:在专辑导航中依次点击医药卫生→药学→药理学,可以直接检索出有关药理学的文章(图3-1-2)。

图 3－1－2　学科专题检索结果显示页

(二)期刊导航

点击 CJFD 主界面右上角的 期刊导航 即可进入。期刊导航有专辑、数据库刊源、刊期、出版地、主办单位、发行系统、期刊荣誉榜、世纪期刊和核心期刊 9 种导航方式,用户可根据需求自行选择。用户可以在核心期刊导航中查找本专业的所有核心期刊。

期刊导航提供三种查找期刊的方式:一是通过刊名首字母导航;二是通过所属专辑导航;三是通过选择刊名、ISSN 或 CN 字段,在检索框中输入所选字段的内容后点击检索(图 3－1－3)。

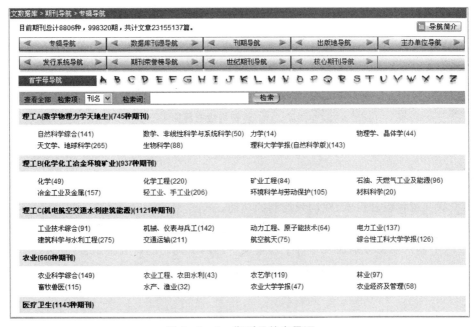

图 3－1－3　期刊导航主界面

· 77 ·

(三)初级检索

初级检索是系统默认的检索方式或者点击页面右上角的 初级检索 也可进入。CJFD 的初级检索具有简单检索、多项单词逻辑组合检索、词频控制、词扩展、限定检索、匹配和排序等功能。

简单检索:选择检索项(字段),输入检索词,点击检索。系统默认在主题(题名、关键词、摘要)字段检索。

多项单词逻辑组合检索:点击"逻辑"下方的+增加逻辑检索行,选择检索项,输入检索词,选择逻辑算符(并且、或者、不包含),点击检索。

词频控制:一个词在文章中出现的频繁程度。

词扩展:显示用户输入词的相关词。

限定检索:有时间、更新、期刊范围三种限定。

匹配:有精确和模糊两种选择,系统默认模糊检索。

排序:对检索结果以"时间"、"无序"或"相关度"进行排列。

例如:检索 2005 年至 2009 年标题中含有糖尿病的文献(图 3-1-4)。

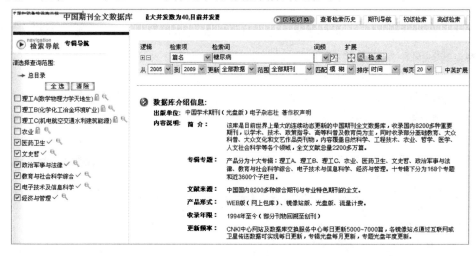

图 3-1-4 初级检索界面

(四)高级检索

在主界面上点击 高级检索 即可进入(图 3-1-5)。高级检索也可以进行简单检索,它具有多项双词逻辑组合检索、双词频控制的功能。

多项双词逻辑组合检索:多项指可选择多个检索项;双词指一个检索项中可输入两个检索词(在两个输入框中分别输入),每个检索项中的两个词之间有五种组合:并且、或者、不包含、同句和同段,每个检索项中的两个检索词可分别使用词频、扩展词功能。

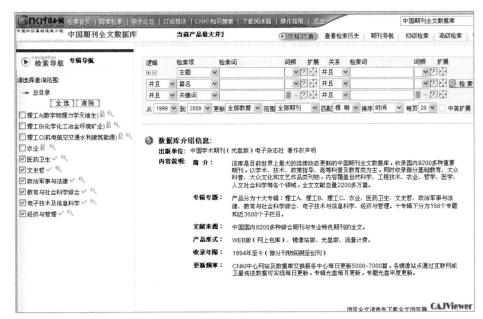

图 3-1-5 高级检索界面

(五)专业检索

专业检索功能强大,需要用户根据系统的检索语法编制检索式进行检索,适用于熟练掌握检索技术的专业检索人员(图 3-1-6)。

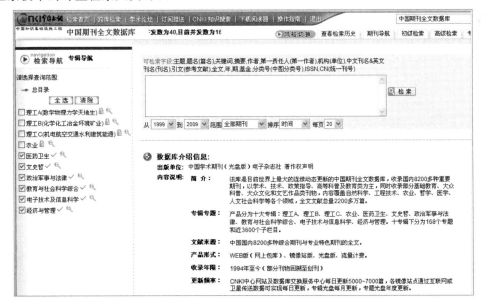

图 3-1-6 专业检索界面

四、检索结果的显示和全文下载

在结果中检索(二次检索):在当前检索结果内再进行检索,主要作用是进一步精选文献。

检索结果以题录格式显示,点击文献的标题则显示文摘格式。

全文下载:有 PDF 和 CAJ 两种格式,在浏览全文前,先要下载并安装全文浏览器 Cajviewer(CAJ 格式)或 Adobe Reader 浏览器(PDF 格式)。

五、CNKI 跨库检索

跨库检索功能强大,用户可通过中国知网总库(CNKI 系列数据库)页面右上方的 跨库检索首页 进入,如图 3-1-7。

图 3-1-7　跨库检索主界面

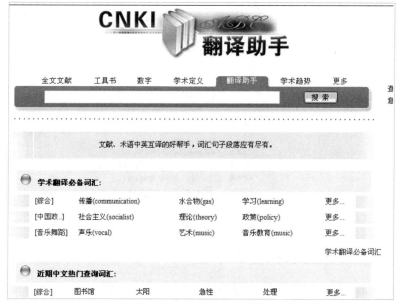

图 3-1-8　翻译助手界面

跨库检索有快速检索、初级检索、高级检索和专业检索四种途径,每种检索途径的使用方法与单库检索相似。

跨库检索的步骤:先选择检索途径(填写表单),再选择数据库,最后点击"检索"按钮。

六、其他

中国知网还提供一项重要的功能——翻译助手,它是以CNKI总库所有文献数据为依据,提供英汉词语、短语的翻译,还可以对整句进行翻译检索。CNKI翻译助手对翻译需求中的每个词给出准确翻译和解释,同时给出与翻译请求在结构上相似、内容上相关的例句。

数据实时更新,内容涵盖自然科学和社会科学的各个领域。

检索方法:在检索框内输入中文、英文词语或短句,然后点击"搜索"即可。

(陈 辉)

第二节 万方数据知识服务平台

一、概述

作为国内最早的中文信息资源产品与服务提供商之一,万方数据积累了大量的信息资源基础,按照资源类型来分,万方数据知识服务平台镜像系统可以分为全文类、文摘题录类及事实型动态信息资源。全文资源包括会议论文全文、学位论文全文、法律法规全文、期刊论文全文。见图3—2—1。

图3—2—1 万方数据知识服务平台主界面

会议论文库收录由中国科技信息研究所提供的国家级学会、协会、研究会组织召开的各种学术会议论文,每年涉及1 000余个重要的学术会议,范围涵盖自然科学、工程技术、农林、医学等多个领域。总计约有50万篇,并保持年新增4万篇的数据量。

学位论文库收录了中国科技信息研究所提供的自1980年以来我国自然科学领域各高等院校、研究生院及研究所的硕士研究生、博士及博士后论文,总计有40余万篇。

法规全文库主要由国家信息中心提供,收录自1949年建国以来全国各种法律法规约10万条。按发布单位分为:国家法律法规、行政法规、地方法规、国际条约及惯例、司法解释、案例分析等几大类80多个子库。

专利技术库收录了发明专利、实用新型及外观设计专利等数据库。该类资源主要由《中国发明专利数据库》等数据库组成,收录的专利总数有150多万项,内容涉及自然科学各个学科领域。

期刊全文库是国家"九五"重点科技攻关项目,也是万方数据知识服务平台镜像系统的重要组成部分。集纳了多种科技及人文和社会科学期刊的全文内容,其中,绝大部分是进入科技部科技论文统计源的核心期刊。总计约1300余万篇。内容包括论文标题、论文作者、来源刊名、论文的年卷期、中图分类法的分类号、关键字、所属基金项目、DOI、数据库名、摘要等信息,并提供全文下载。采用国际流行的HTML格式和PDF格式制作上网,整体数字化期刊遵循电子期刊以刊为单位的原则,按理、工、农、医、人文排列,交叉入类、刊名查询,可以多角度、全方位地进入期刊主页浏览。

二、检索途径与方法

万方数据知识服务平台可实现单库检索和多库检索,如图3-2-1所示,在首页检索框上方列出了可检索的文献类型,主要包括学术论文、专利、标准、成果、法规等。系统默认在学术论文中检索。

中间的提问框是跨库检索提问框,跨库检索是万方数据知识服务平台检索业务集成系统,它几乎囊括了分布于系统各处的检索业务的功能。用户可按数据库、行业、学科、地区、期刊同时检索多个平台上的多种资源,输入一个检索式,便可以看到多个数据库的查询结果,并可进一步查看详细记录和下载全文。

下面以学术论文为例,介绍数据库的检索方法和检索途径。

学术论文包含各个学科的期刊、学位、会议、外文期刊、外文会议等类型的论文。系统提供了简单检索和高级检索两种方式,其中高级检索包括专业检索。默认为简单检索。

(一)简单检索

在输入框输入检索表达式,点击"检索",系统自动检索文献。例如在输入框中输入"肝炎 治疗",检索任意字段中包含"肝炎"和"治疗"的记录。在检索词前面加上检索字段,可以检索在检索字段中出现检索词的论文。如在输入框中输入"Title:银杏叶总黄酮的镇痛作用",检索论文标题字段中包含完整句子"银杏叶总黄酮的镇痛作用"的记录。

(二)高级检索

高级检索的功能是在指定的范围内,通过增加检索条件满足用户更加复杂的要求,检索到满意的信息,见图3-2-2。检索步骤如下:①填写检索信息:高级检索区域列出了标题、作者、来源、关键词等检索信息供选择,填写的检索信息越详细,检索得到的结果就会越准确。②选择时间范围:通过选择年份,使其在限定的年份范围内检索。③被引次数:指文章被其他人引用次数,可以通过设置被引用数查找到领域内普遍关注的文章。④文献类型:包括期刊、学位、会议、外文期刊、外文会议五种,可以选择一种也可以通过点选"全部"同时选择五种。⑤排序:高级检索区域提供了三种排序方式:经典论文优先、最新论文优先和相关度优先。⑥选择显示条数:可以选择在检索结果页面每页显示的文章数。⑦执行检索:当所有的检索信息都填写完毕后,点击"检索"按钮,执行检索。

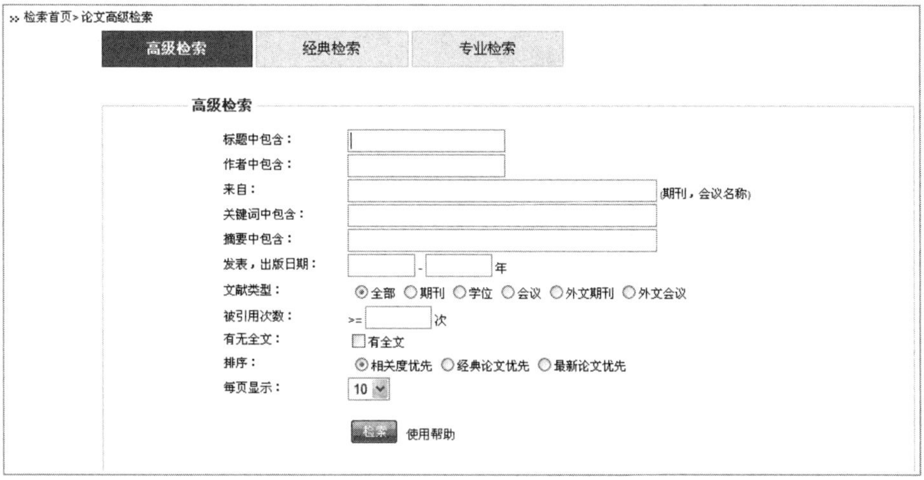

图 3-2-2 学术论文高级检索界面

(三)经典检索

经典检索提供了5组检索条件,这些检索条件是"并且"的关系。在检索表达式框中直接输入检索式,点击检索项的下拉列表,选择按哪一个字段(如:标题、关键词、作者等)来检索。如刊名字段键入"中国药理学通报",关键词字段键入"脑缺血",点击检索,再点击 ,即可下载全文。

(四)专业检索

专业检索比高级检索功能更强大,但需要检索人员根据系统的检索语法编制检索式进行检索。适用于熟练掌握的专业检索人员。

三、查看检索结果

当用户检索命中记录时,便进入检索结果页面如图 3-2-3。

● 检索结果排序:系统按经典论文优先、最新论文优先、相关度优先三种方式对检索结果进行排序,并可以在不同的排序方式之间进行切换。默认按经典论文优先排序。

● 在结果中检索:又称"二次检索",是将检索范围限定在此次检索结果中,进一步筛选检索结果。可以直接修改检索表达式进行二次检索;点击相应的学科名查看检索结果中属于该学科的论文;点击相应的年份查看检索结果中在该年份发表的论文;查看检索结果中某一类型的论文;查看检索结果中某一期刊的论文;还可以多个检索限制条件组合进行二次检索。

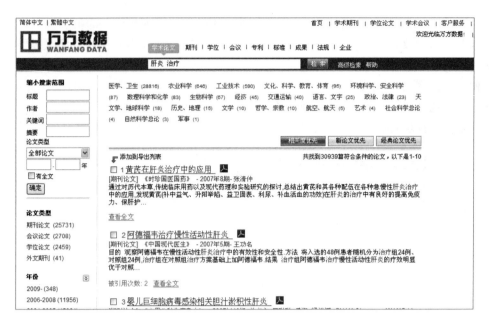

图 3-2-3　检索结果显示页面

●在检索结果页面上点击文献标题,进入详细信息页面,可获得单条资源的详细内容和相关文献信息链接。它不仅包含了单条资源的详细信息如数据库名、题名、作者、刊名、摘要等,而且详细信息页还提供了相似文献、引用分析、相关分析和添加到不同收藏夹等服务。如图 3-2-4 所示。

图 3-2-4　检索结果的细览页

●全文下载及浏览:在检索结果页面可以直接点击 和查看全文,下载和查看全文。系统在单条资源详细信息页面也提供了查看全文和下载全文链接,点击 查看全文 或 下载全文,即可浏览或下载全文。

如果要针对某种具体资源进行个性化检索,可以选择单个数据库,如在系统首页中点击导航条中的"学术期刊"链接,进入学术期刊首页如图 3—2—5。学术期刊的检索界面和功能基本同学术论文检索,不同之处在于学术期刊有分类导航浏览和期刊检索。分类导航浏览包括学科分类导航、地区导航、首字母导航。如果用户不清楚所需期刊应属类别,可以选择期刊检索,在检索提问框中直接键入刊名、ISBN 或者 CN,检索期刊。

图 3—2—5 学术期刊检索界面

(金新建)

第三节 维普信息资源系统

一、概况

维普信息资源系统是重庆维普资讯有限公司研制开发的网络信息资源。该系统包括五种数据类型:中文科技期刊全文库、中文科技期刊文摘库、中文科技期刊引文库、外文科技期刊数据库、维普行业资源系统。

《中文科技期刊数据库》源于重庆维普资讯有限公司 1989 年创建的《中文科技期刊篇名数据库》,其全文与题录文摘版一一对应。全文库收录 1989 年至今的自然科学、工程技术、农业、医药卫生、经济、教育和图书情报等学科的 8 000 余种期刊刊载的 2 000 余万篇文献,并以每年 250 万篇的速度递增。该库按照《中国图书馆分类法》进行分类,所有文献被分为 8 个专辑 36 个专题。从 2005 年 1 月起,《中文科技期刊数据库》增加收录文、史、哲、法等学科分类的文章、期刊,形成社会科学专辑,社科数据回溯到 2000 年。

《中文科技期刊文摘数据库》也是源自《中文科技期刊篇名数据库》,是国内最大的综合性文献数据库,1989 年创建,1992 年推出了世界上第一张中文光盘。

《中文科技期刊文摘数据库》以《中文科技期刊文摘数据库》为依托,收录 1990 年至今公开出版的5 000多种科技类期刊,其中包括《中文核心期刊要目总览》中的核心期刊1 500余种,总数据量约300万篇文献。学科覆盖、文献分类与《中文科技期刊数据库》相似。

《外文科技期刊文摘数据库》是维普资讯公司联合国内数十家著名图书馆以各自订购和收藏的外文期刊为依托,于1999年开发建立的数据库。该库收录1992年至今理、工、农、医及部分社科专业资源约570万条外文期刊数据,并以每年50万篇的速度递增。按照《中国图书馆分类法》所有资源被分为七大专辑24个专题。

包含有医药、石油化工、电力能源、电子电器、航空航天、环保产业、建筑科学、交通运输、信息产业、农林牧渔10个行业的信息资源系统。相关介绍可以参阅维普资讯网。

安徽医科大学图书馆(http://lib.ahmu.edu.cn)购买并安装了《中文科技期刊全文库》的本地镜像。下面以《中文科技期刊全文库》为例,具体讲解它的使用方法。

二、检索界面

登录"安徽医科大学图书馆"主页,点击"电子资源"栏目下的"维普信息资源系统"的本地镜像站后即可进入检索主界面,如图3－3－1所示。

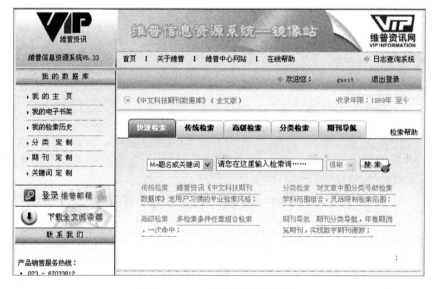

图3－3－1 维普检索主界面

三、检索途径与方法

检索途径有:快速检索、传统检索、高级检索、分类检索和期刊导航。

(一)快速检索

在主界面的检索框中直接输入检索式(或检索词)进行检索的方式称为"快速检索"。快速检索是全文库默认的检索途径。

1.检索入口提供12种检索字段,每个字段前面的英文字母为该字段代码,用于复合检索。

2.模糊/精确检索:该功能在检索入口的右侧,在选定"关键词"、"作者"、"第一作者"、

"分类号"和"栏目信息"5个字段时有效。系统默认为"模糊"检索。

(二)传统检索

点击首页上的 传统检索 按钮进入传统检索界面。

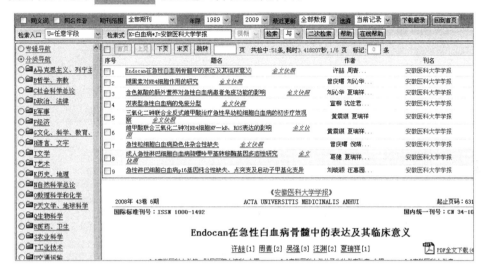

图 3-3-2 传统检索结果显示页

检索入口有 14 个字段可供选择。

限定:可进行学科类别、期刊范围、数据年限、最近更新的限定。

检索式:输入单个检索式或复合检索式。布尔逻辑算符"*,+,-"分别表示 and,or,not。例如:在检索框中输入复合检索式"K=白血病*J=安徽医科大学学报"表示检索发表在安徽医科大学学报上有关白血病的文献(图 3-3-2)。

二次检索:在上一次检索结果的基础上运用"与、或、非"进行再限定检索,可反复多次进行。

同义词/同名作者:同义词检索只对"关键词"、"题名或关键词"、"题名"三个字段的检索有效,如用同义词检索"艾滋病"可扩展到"aids"、"爱滋病"和"获得性免疫缺陷综合征"。同名作者检索只对"作者"或"第一作者"的检索有效,可检索到同名同姓的不同工作单位的列表,再选择单位进行检索。

(三)高级检索

在"高级检索"界面中,用户根据检索课题选择字段,然后在检索框中输入检索词,选择逻辑算符"并且(and)"、"或者(or)"、"不包含(not)",也可进行扩展检索。

查看同义词:只有在选择"关键词"字段时生效,系统默认为关闭状态,选中即打开。

同名/合著作者:只在选择"作者"、"第一作者"字段时生效。

扩展检索条件:可以对时间、专业、期刊范围进行限定检索。

例如:通过高级检索途径查找 2000 年以来发表在核心期刊上有关"微量元素与儿童发育关系"的文献,如图 3-3-3 所示。

图 3—3—3　高级检索界面

(四)分类检索

点击"分类检索"按钮进入分类检索界面如图 3—3—4 所示,在分类表中选择分类,点击 >> 图标将勾选的分类添加到右边"所选分类"方框中。在检索入口选择字段,输入检索条件,点击"搜索"。

如要删除某一所选分类,可直接双击"删除"或者单击选中该分类,然后点击 << 图标进行删除。

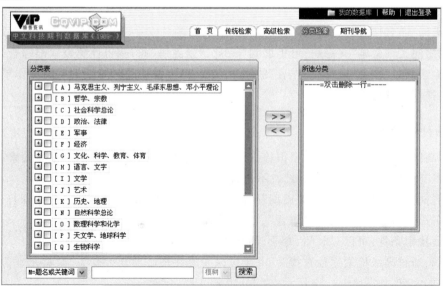

图 3—3—4　分类检索界面

(五)期刊导航

在期刊导航(图3-3-5)界面上提供三种检索方法:

期刊搜索:选择"刊名"或者"ISSN"字段,输入所选字段内容,点击"查询",进入期刊名列表,点击某一刊名即可进入期刊内容页。

按字顺查:点击某一字母,可列出以该拼音字母为首字母的所有期刊列表。

按期刊学科分类查:点击某一学科分类,可列出该学科分类下的所有期刊列表。

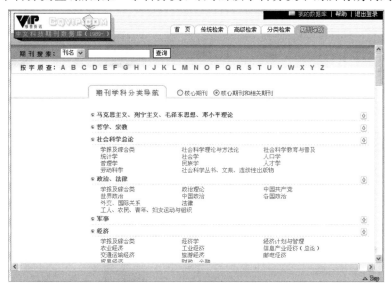

图3-3-5 期刊导航界面

四、检索结果的显示和全文下载

在检索结果显示页如图3-3-6所示,检索结果还可进行"重新搜索"、"在结果中搜索"、"在结果中添加"、"在结果中去除"四种方式的操作。

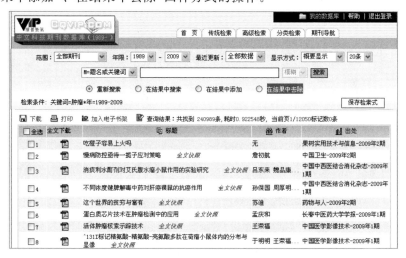

图3-3-6 检索结果显示页

在题录格式中显示每篇文献的题目、作者、出处。点击题目可显示该文献的文摘格式。文摘格式包括出处、题目、作者、机构、摘要、关键词、分类号和相关文献等内容。

在传统检索中,点击文摘格式中的 PDF全文下载 图标即可下载全文,其余检索途径只需点击题目前的全文下载即可。根据需要可选择在当前位置打开或保存到磁盘,若要打开全文必须先下载并安装 PDF 浏览器。

（陈　辉）

第四章 英文全文数据库检索

第一节 EBSCO 全文数据库

一、概述

EBSCO 是世界著名的专营印刷型期刊、电子期刊、电子文献数据库的出版发行业务的集团公司,该公司通过 Internet 提供多种专业全文数据库,这些数据库来自于信息提供商,它们是专业性的、医学的、商业的、历史的、图书馆、教育、新闻及为高校服务等方面的数据库。数据库具体如下:

Medline(医学数据库)、Academic Source Premier(学术期刊数据库)、Business Source Premier(商业信息源专集)、History Reference Center(历史参考书中心)、MasterFILE Premier(公共图书馆参考文献)、ERIC(教育资源信息中心)、Newspaper Source(报纸资源)、Professional Development Collection(职业教育专集)、Regional Business News(地区商业新闻)、Vocational and Career Collection(贸易和工业)、Library,Information Science & Technology Abstracts(图书馆,信息科学技术文摘)、GreenFILE(人类环境研究)、Teacher Reference Center(教师和行政人员参考信息)、Research Starters – Business(高中生、大学生和研究生的商贸方面的学习研究指南)、Research Starters — Education(高中生、大学生和研究生的教育方面的学习和研究指南)

检索者需先进入安徽医科大学图书馆电子资源,点击 Ebsco 数据库,再点击 EBSCOhost Web,再点"选择数据库",进行数据库选择。如要了解数据库的详细情况,可点击数据库名后的图标。

同医学关系密切的数据库有 Medline 和 Academic Source Premier。Medline(医学数据库)收录 4 800 多种当前生物医学期刊。提供了医学、护理、牙科、兽医、医疗保健等科学方面的权威医学信息,多数有摘要,少数有全文。

Academic Source Premier(学术期刊数据库)提供了近 4 700 种出版物全文,其中 3 600 多种为同行评审期刊,100 多种期刊可追溯至 1975 年或更早年代过刊,每日更新。

现主要以 Academic Source Premier(ASP)数据库为例进行如下叙述。ASP 数据库提供的检索途径有:基本检索、高级检索、视觉搜索、出版物检索、科目术语、参考文献检索和图像检索。

二、检索途径

(一)基本检索(Basic Search)

进入 ASP 界面后,即进入基本检索页面。在输入框中输词,也可同时输入几个检索词,根据检索词之间的关系在其间放置逻辑组配符"and,or,not"进行逻辑组配。点击框下"检索选项"按钮,出现一些栏目及限制供选择。

检索模式的"布尔运算符/词组"为检索词,运用布尔运算符或词组检索;"查找全部检索词语"为检索词同时在一篇文章中出现,检索词之间是"and"关系;"查找任何检索词语"为检索词之间是"or"关系,文章中出现其中一词为命中目标;"智能文本检索"为输入尽可能多的文本词或词组、句子、文章段落等检索。右侧有"检索相关术语"、"在文章全文范围内搜索"。

"限制结果"栏目提供查找具有"链接的全文"、"有参考"文献、"学术(同行评审)期刊"及"出版日期"、"出版物"、"出版物类型"和"图像快速查看"等方面的检索限制。图 4-1-1 所示是"检索 2005 年 1 月至 2009 年 5 月肺结核的治疗并获取全文"的界面。

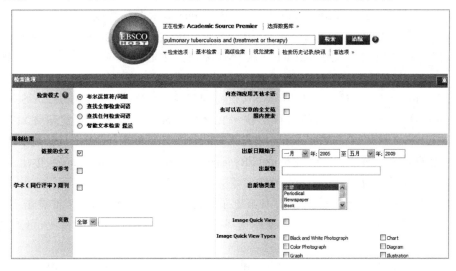

图 4-1-1 基本检索及检索选项界面

(二)高级检索(Advanced Search)

点击"高级检索"按钮,进入高级检索页面。在输入框中输入检索词,在左侧选择逻辑组配符,在右侧的下拉菜单中选择字段,将检索词限制在某字段检索。检索词后可以加 * 号, * 号为截词符,可以检出英文单词前部相同后缀不同的文献。如果输入框数不够,可点击"填加行"增加输入框。高级检索也提供"检索选项"和"限制结果"检索栏目。此外还设有指定不同子库的特殊限制条件供检索使用。图 4-1-2 所示的是"在同行评审的学术期刊检索 2005 年 1 月至 2009 年 5 月胃镜诊断胃炎并获取全文"的界面。

高级检索提供检索史,点击"检索历史记录"为检索者提供检索历史记录(见图 4-1-3 检索史页面)。在该页面可进行检索式之间的逻辑组配,选中相应检索式,再点击逻辑组配符按钮"检索"即可。

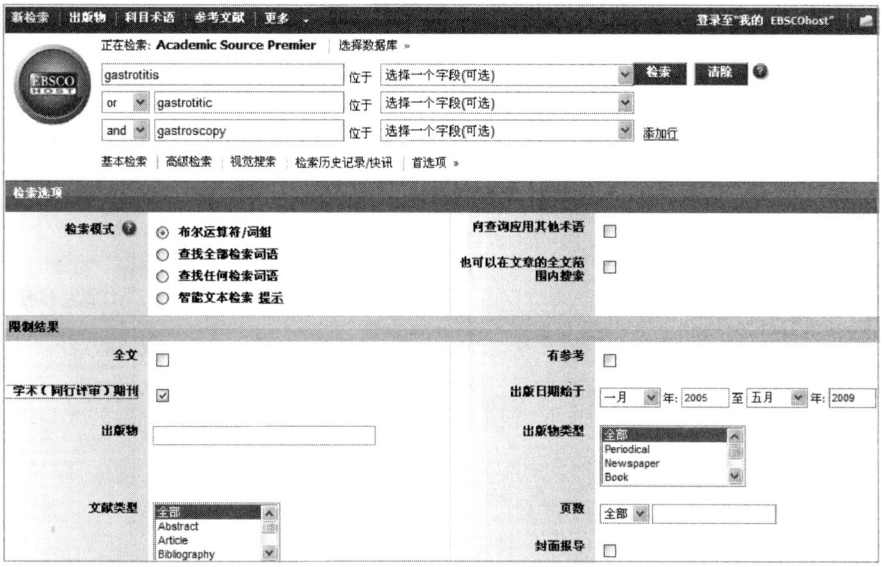

图 4-1-2 高级检索页面

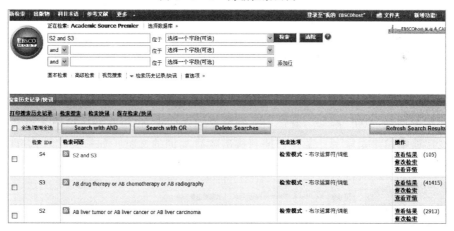

图 4-1-3 检索史页面

(三)视觉搜索(Visual Search)

点击"视觉搜索",在输入框下出现"Group Results"(检索组)—By Subject(以主题)—By Publication(以出版物),"Sort Results"(以检索排序)—By Date(以日期)—By Relevance(以相关度),"Filter Results by Date"(以检索结果时间过滤),"Display Style"(以显示方式)—Blocks(以区)—Columns(以列),在上述栏目中进行选择,后在输入框中输词,然后点"检索",随即数据库进行搜索,出现不同主题栏目以及标有题目和出版年的许多文献,检索者根据需要在所列栏目中选择点击,又出现一些相关文献,将所选文献拖至右上角"Collect Articles"栏目,点击"Add to Folder"完成将所选文献加入文件夹,然后点击页面上方"文件夹"按钮,进行文献下载操作。

图 4-1-4　视觉搜索检索 Columns 显示

(四)出版物检索(Publications)

点击"出版物"按钮即进入该检索页面,在"浏览出版物"输入框输刊名(全称),在输入框下方选择:按字母顺序(按字顺显示结果),如果该数据库收录了所要期刊,即出现该期刊名及简单说明。点击所要刊名即出现该刊物的详细资料,如需检索某篇特定文章,再点击期刊相应的出版年、期即可。也可从页面设置的刊名英文字顺栏目查找某期刊。

如果选择"按主题和说明",可显示系统中含有所输检索词内容的期刊,检索者可以同时选择几种相关期刊,点击"添加",既被加入到检索输入框中,也可在刊名后输入检索词,然后检索。这样检索结果是限制在某几种期刊检出含有某词的文献。如检索艾滋病(aids)方面的期刊,在输入框输 aids 即可。见图 4-1-5 出版物主题检索页面。

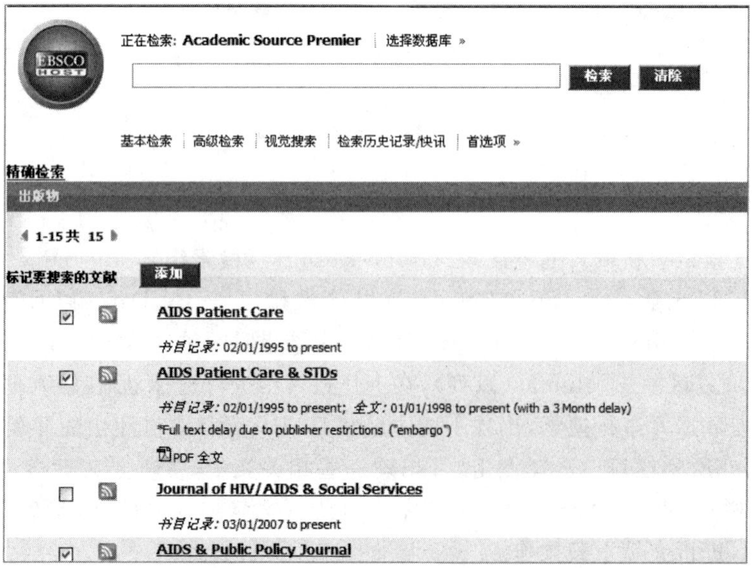

图 4-1-5　出版物主题检索页面

在结果显示的每个期刊栏目下具有 ASP 数据库收录该刊的时间、是否有全文及全文的格式信息提供。

(五)科目术语(Subject Terms)

科目术语栏目提供类似主题一样的检索途径,但是多数情况难以找到合适的词检索。因为该栏目使用的 Subject Terms 是非规范化的主题词。

(六)参考文献检索(Cited References 引文检索)

点击"参考文献"按钮进入引文检索页面。在该页的检索输入框中输入,需检索引文相应的检索词,点击"检索",系统会显示其题录,在题录前的方框中打钩,点击"查找引文"即可显示该篇文章被哪些文章引用的信息。刊名的输入格式不规范,全称和缩写要求不确定。被引作者姓名格式为:姓(全称)前,单名(首字母)或姓(全称)前,双名(首名全称,后名首字母)。见图 4—1—6 参考文献检索(引文检索)页面。

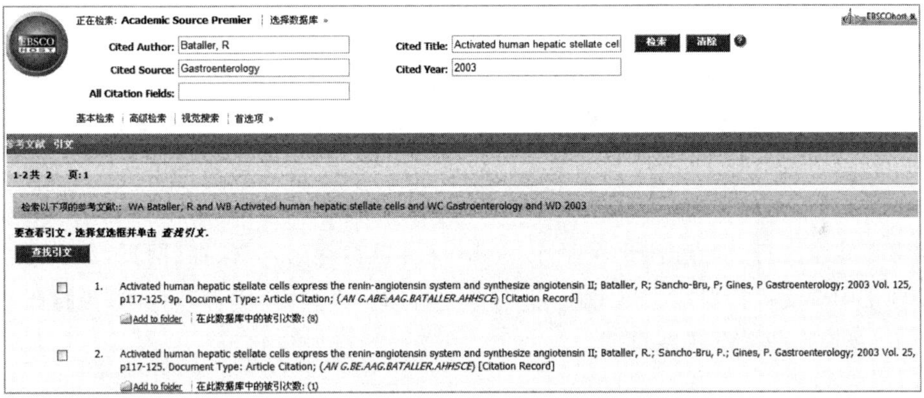

图 4—1—6　参考文献检索(引文检索)页面

(七)图像/多媒体检索(Images)

图像/多媒体检索在"更多"栏目中,可以进行有关人物照片、地点照片、地图、自然科学照片、历史照片、标志方面的图片及照片的检索。检索方法为:点击主界面"图像"按钮,在输入框中输词,在限制栏目中选择相应的栏目检索即可。

三、检索结果的输出

(一)文献的显示

高级检索结果页面如图 4—1—7 所示,显示检索篇数、页数,显示的题录有:参考文献篇数、全文显示格式(有 PDF 格式、HTML 格式和相关全文数据库的链接)、在此数据库中的被引次数、查询国内馆藏及全文链接等(少数可以提供全文,多数只提供国内收藏单位),点击这些链接可以看到相关内容。有些文章还列出文中图像。在左侧"所有结果"栏目下有:学术理论期刊、报纸。点击其中栏目,显示检索结果中相应的文献。

"首选项(Preferences)"为数据库检索页面的语种设定、文献显示篇数和显示格式以及文献输出格式等方面的设定。

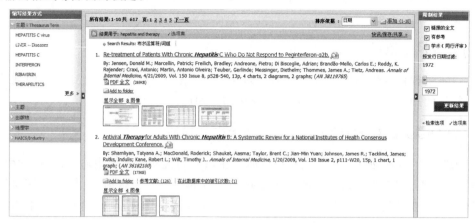

图 4－1－7　检索结果页面

(二)文献的保存

文献保存只需点击该篇文献题录中的 Add to folder 或右上侧"添加 1－10"(为一次添加 10 篇),将所要文献填加到文件夹中,点击"文件夹中有对象",即出现:打印、电邮、保存到磁盘的图标,其中"电邮"可将全文发送到邮箱,并且可以一次发送数篇全文。"打印"和"保存到磁盘"均为题录或文摘打印和保存,可以选择下载格式。除"电邮"可直接邮全文外,全文的保存需将全文打开,点击 🖫 保存,或点击"文件"\另存为,为保存(网页)。也可直接打开文献题录中全文进行保存。点击 🖨 进行全文打印。或点击"文件"\打印,为打印(网页)(如 4－1－8 检索结果下载界面)。

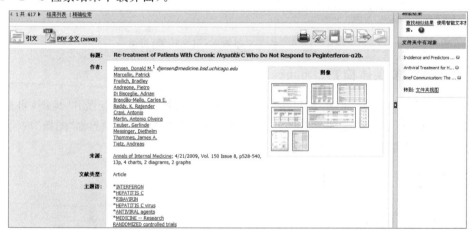

图 4－1－8　检索结果下载界面

(三)检索史的保存和调用

检索史的保存:基本检索没有检索史记录,高级检索才有检索史记录。在高级检索页面点击"检索历史记录/快讯"按钮进入检索史显示状态,点击"保存检索/快讯",出现:用户名、口令需填写,如果是初次使用,则需要检索者点击"我是一个新用户?",先在出现的表格上注册。自设用户名和口令,然后将用户名、口令登录,即出现一表格,需填写并选择检索史保存时间。

检索史的调用:可点击高级检索页面上方"我的文件夹中有对象",在随即出现的页面左侧点击"保存的检索",选择已保存的栏目点击;在出现的检索式右侧结果栏目下点击"重新运行",即可进行重新检索。

练习题

1. 检索"再生障碍性贫血(aplastic anemia)的治疗"。
2. 查找单胺氧化酶抑制剂(monoamine oxidase inhibitor)方面的文献。
3. 查找"风湿性关节炎(rheumatoid arthritis)与链球菌(streptococcus 单数,streptococci 复数)感染的关系"原文是英文的文献。

(朱康玲)

第二节 Springer Link

一、概述

Springer 电子期刊数据库是德国施普林格(Springer－Verlag)世界著名科技出版集团的产品,通过 Springer Link 中的大系统提供学术期刊及电子图书的在线服务。Springer Link 电子期刊包含 441 种学术期刊,其中近 400 种为英文期刊。目前 Springer Link 所提供的全文电子期刊按学科分为 11 个在线图书馆:生命科学(life sciences)含 105 种期刊;医学(medicine)含 168 种期刊;数学(mathematics)含 77 种期刊;化学(chemical sciences)含 36 种期刊;计算机科学(computer sciences)含 45 种期刊;经济(economics)含 31 种期刊;法律(law)含 5 种期刊;工程学(engineering)含 52 种期刊;环境科学(environmental sciences)含 34 种期刊;地球科学(geosciences)含 50 种期刊;物理学与天文学(physics and astronomy)含 61 种期刊。其中许多为核心期刊,绝大多数能看到 PDF 全文。该系统收录 1996 年至今的期刊,对 1996 年以前的期刊将逐步开通。Springer Link 中的大多数全文电子期刊是国际重要期刊,它是科研人员的重要信息源。Springer Link 是 Springer 出版社在 1996 年开始为科学研究服务的网上全文数据库,现有约 500 种科技、医学全文期刊,20 种世界知名科技丛书,共 2 000 多卷,30 多万篇文献,大部分期刊过刊回溯到 1996 年。2006 年 8 月,Springer Link 系统进行了升级,中国网站 2006 年 10 月底全面开通全新的 Springer Link,新版 Springer Link 的数字资源比旧版有了较大的扩充,目前拥有 1 743 种在线全文电子期刊,15 884 种电子图书,743 种电子丛书,84 种在线参考工具书,超过 200 万条期刊文章的回溯记录,并具有最新期刊论文出版印刷前的在线浏览,每年加入超过 10 万篇最高水平新科技研究成果。

通过"图书馆主页"→"电子资源"→"Springer link"即可进入该数据库的主页面。有简体中文、繁体中文、英文、德文、日文等语言可供选择,在检索时可选择简体中文界面,使检索界面更加简单、明了。下面就中文(简体)界面进行介绍。

二、检索途径

Springer Link 首页界面如图 4－2－1 所示,该数据库将期刊、丛书、图书、参考工具书等多种出版形式整合为同一平台,方便了读者的选择查询。该数据库有简单检索、高级检索和浏览检索。

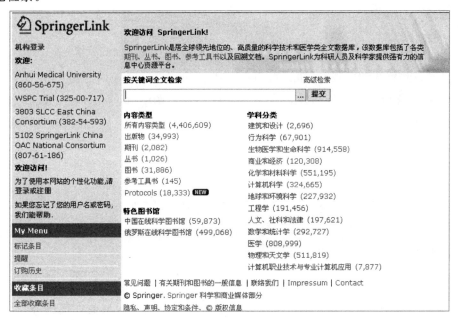

图 4－2－1　Springer Link 主页界面

(一)简单检索

简单检索是在检索框中输入检索词;或点击输入框右面的省略号"…"按钮,即弹出系统的检索字段和检索运算符表如图 4－2－2 所示,可使用检索字段和检索运算符构建检索式进行检索。检索字段有标题(ti)、摘要(su)、作者(au)、国际标准连续出版物号(issn)、国际标准书号(isbn)、数字对象唯一标识(doi),该数据库的检索算符包括布尔逻辑运算符和系统专用的检索算符。系统专用的检索算符包括词组检索算符和截词符等。词组检索运算可精确检索范围,系统中使用英文双引号"ˋˊ"作为词组检索算符,在检索时将英文双引号内的几个词当作一个词组来看待。截词符为"＊"。

(二) 高级检索

点击主页面中的高级检索进入如图 4－2－3 所示,高级检索界面有全文、篇名、著者名、编者名、ISSN、ISBN、DOI、日期等多个检索字段,在一个或多个检索词输入框中输入检索词,对检索范围进行限定,以达到精确检索的目的。多个检索条件(检索词输入框)之间的逻辑关系为"与(AND)",可选择按出版时间、相关度对检索结果排序。

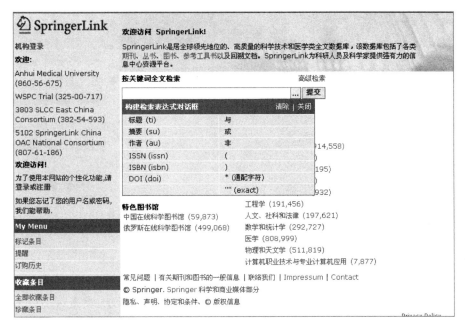

图 4-2-2 简单检索界面

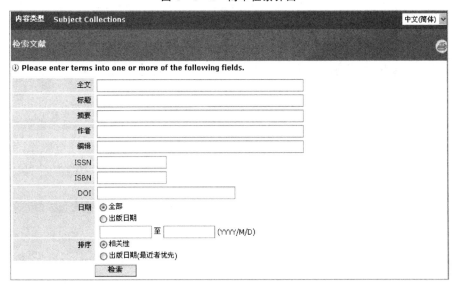

图 4-2-3 高级检索界面

(三)浏览检索

可以通过以下两个途径浏览检索。

●名称浏览检索:以期刊为例如图 4-2-4 所示,点击期刊后可用简单列表和详细列表两种方式浏览期刊,可以直接点击刊名选择卷期浏览文章;在这一界面中还可以选择不同的二次检索方式,如在检索结果中按字母检索、按日期检索、按语种检索及按学科检索等。

图 4—2—4　期刊浏览检索界面

●学科浏览检索：点击学科名称，以医学为例如图 4—2—5 所示，点击医学后显示当前学科期刊文献，可用简单列表和详细列表两种方式浏览。在此页面，可以直接点击文献篇名进入，也可以进行多种方式的二次检索，如按照起始字母、可按发行状态、更新时间、内容类型、学科、版权时间、出版刊物、作者进一步浏览检索。

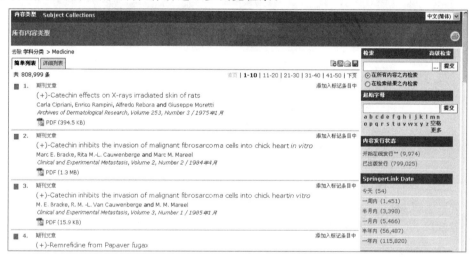

图 4—2—5　学科浏览检索界面

三、检索结果的显示和输出

检索结果页面中可以选择浏览记录的详细列表或简单列表。详细列表显示论文的文献类型、标题、DOI、出处、作者、简要文摘以及所能提供的全文文献格式和链接等详细信息。简单列表显示论文标题、作者、全文文献格式等信息。

检索结果页面每篇文章前有查看权限标志，▇ 可查看全文、□ 不能查看全文、▨ 可访问部分内容。

对于符合条件的检索结果可以进行标记：点击"添加入标记条目中"按钮，标记该记录；

标记过的记录,可以暂时保存在系统中,也可以通过个性化服务功能,进行永久保存;点击左栏"标记条目"按钮,显示标记过的记录,点击右上图标 可以下载、RSS、E-mail、保存已标记的记录。点击"从标记条目中去除"按钮,取消当前记录的标记。

四、个性化服务

个性化服务包括:回顾检索历史(History)、在系统中保存检索结果(Marked Items)、个人收藏夹(Favorites)、电子通告服务(Alert)。

使用个性化服务前需要先建立个人账户。点击页面左边"注册"按钮,输入简单的注册信息及邮箱地址,输入用户名及密码进行注册。已注册用户要进行登录,不提供远程登录功能(即IP范围之外的访问)。

建立常用出版物收藏夹(珍藏条目)。可以在Springer Link中选择最喜爱或经常使用的出版物添加到个人收藏夹(Favorites),以方便浏览:标记感兴趣的刊物;保存。打开个人收藏夹,无需查找,即可直接找到感兴趣的期刊。

电子通告服务(提醒)。用户可将有用的检索策略保存成用于电子通告服务(Save as alert),系统在进行数据更新时,将自动执行该检索策略,并将符合检索策略的最新文献输出到指定的E-mail账号中,即及时收到定制的Alert。

(李桂芳)

第三节　Wiley InterScience 数据库

一、简介

Wiley InterScience(http://www3.interscience.wiley.com)数据库提供的网络版出版物来自与"John Wiley & Sons Inc"公司。John Wiley & Sons Inc.是有近200年历史的国际知名专业出版机构,在化学、生命科学、医学以及工程技术等领域学术文献的出版方面颇具权威性。

Wiley InterScience是综合性的网络服务平台,始与1997年,它提供科学、技术、医学和学术方面领先的国际资源。现接管Blackwell Synergy数据库,目前提供覆盖1 400种期刊的300万篇文章,大型资料库有7 000种在线图书和参考工具书等,它是世界上科学研究首选资源之一。

二、检索途径及方法

进入数据库即是主页,在该页面设有"基本检索"、"高级检索"、"Google搜索引擎检索"、"英文缩写查询"、"期刊主题浏览"和"产品类型浏览"。此外还设有当年新增期刊栏目,供学会检索者免费在线下载。

(一)基本检索

在Wiley InterScience数据库主页左侧的输入框输检索词,选择"All Content"为在数据库所有文献中检索,选择"Publication Titles"为检索某特定出版物文献,此时在输入框输特定的出版物名称(全称),期刊输刊名(全称)。

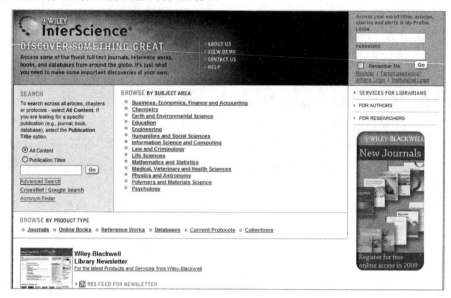

图 4-3-1 Wiley InterScience 主页

(二)高级检索

点击主界面输入框下的"Advanced Search"按钮即进入高级检索界面。在输入框中输词,在其左侧选择逻辑组配符,在其右侧选择检索词所在字段。逻辑组配符:AND,OR,NOT;截词符为"＊"。图 4-3-2 中检索为:在期刊的文章篇名中检索"儿童哮喘的治疗"。

高级检索输入框下设有:Product Type（产品类型）,Subjects（主题分类）,Date Range(时间范围),Sort By(排序)等检索限制栏目供检索者选择对自己的检索进行有关方面的限制。

图 4-3-2 高级检索

(三)数据库链接 Google 文献检索

点击主界面左侧"CrossRef/Google Search"即进入用 Google 查找相关文献页面,在输入框中输入所需检索词进行检索,即可检索出 Google 搜索引擎上的有关某方面网站和信息。

图 4—3—3 Google 搜索引擎文献检索

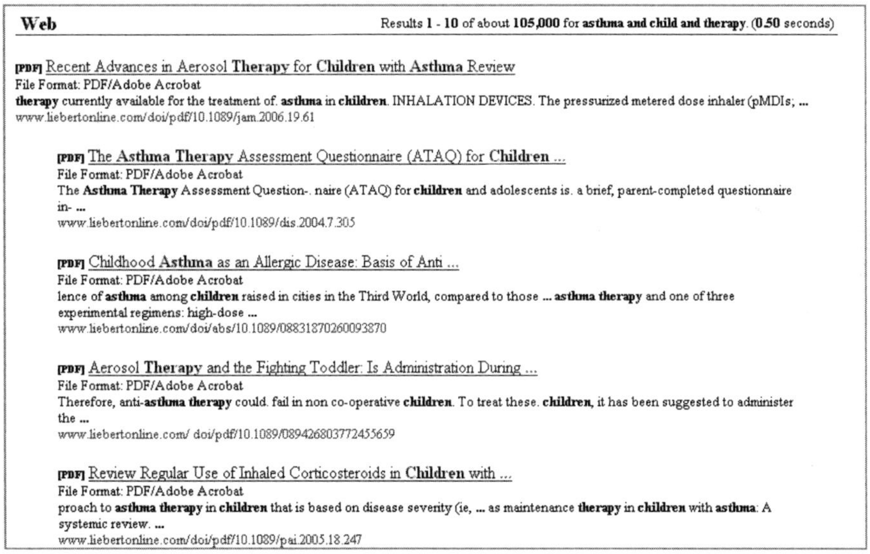

图 4—3—4 Google 搜索结果

(四)英文缩写(英文单词首字母)查询

点击主界面"Acronym Finder"进入查找英文缩写的全称页面,在"Acronym Term and Option"输入框中输词检索(如:aids)为查找 aids 的全称,其下是与检索词匹配栏目,检索者可进行选择。在"Acronym Definition Keyword"输入框中输词检索,如:aids 是将 aids 作为一个英文单词(关键词)或作为 4 个英文单词的首字母检索。"Limit Search by Subject Catergory"栏目为学科方面的限制,检索者可以将检索词限制在某学科范围检索。

该页面的"Browse"按钮为按英文缩写字顺浏览其全称。"Reference Tables"是一 PDF 格式的"Greek Alphabet"、"Roman Numerals"、"Prefixes for the Si System"、"Base Quantities and Units of the Si System"等 19 个栏目的缩写与全称对照表格。浏览该表可获得相

关方面的缩写与全称。

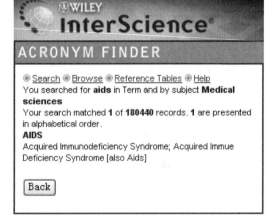

图 4—3—5　英文缩写的全称查询　　　图 4—3—6　英文缩写的全称查询结果

(五)期刊主题(学科)浏览

在数据库主页中间"BROWSE BY SUBJECT AREA"栏目下列有一些学科类目,点击某类目其下会出现下级类目,如再点击可出现该类期刊名称,检索者可以选择所需期刊浏览。

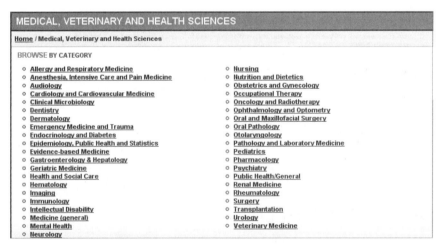

图 4—3—7　期刊主题(学科)浏览

在期刊主题(学科)浏览结果页面设有类目参见和期刊按字顺浏览栏目。点击相关类目可见该类目期刊,点击某字顺可浏览该字顺期刊。

(六)产品(文献)类型浏览

点击主页左下方"BROWSE BY PRODUCT TYPE",可按文献的不同类型浏览。如:Journals(期刊)、Online Books(在线电子图书)、Reference Works(参考工具书)、Databases(数据库)等。各类型的文献都分别按学科分类排列,同类按出版物名称字顺排列。

三、文献的下载

在检索结果页面,显示了一次或多次检索的检索式、检索结果的篇数、文献的简单题录、文献不同方面的详细显示栏目(如:Abstract 文摘、References 参考文献、Full Text 全文)及全文的大小。

文献下载需先注册,可免费注册。"Save Article to My Profile"栏目为个人收藏夹,检索者可将检索信息存入其中。

文献题录的下载:在文献摘要显示页面点击"Download Citation"载文献题录和摘要,点击"Save Search"存检索史,点击 e-mail 发电子邮件下载文献。点击 print 为打印文献。

全文下载:在题录下有 HTML 和 PDF 两种全文显示格式,点击"HTML"即网页显示全文,此时下载需点击"文件"\另存为\选盘符\起文件名。该操作保存的是网页。点击"PDF",文献全文显示后,在该页面点击 保存副本 为保存文本格式的全文,全文下载无需注册。点击 为打印文献全文。

练习题

1. 检索慢性鼻炎(chronic rhinitis)的药物治疗文献。
2. 检索食管畸形(esophagus malformation)方面的文献。
3. 检索习惯性便秘(habitual constipation)的诊治文献。

(朱康玲)

第四节 Elsevier ScienceDirect(SDOS)

一、简述

荷兰 Elsevier Science 公司出版的期刊是世界上公认的高品位学术期刊,收录了 1995 年以来 2000 多种电子期刊,其中生命科学的期刊超过三分之一。数据每周更新。安徽医科大学图书馆订购其中医学,生物化学、基因学和分子生物学,药理学、毒理学和制药学,免疫学和微生物学,心理学和神经学 6 个子集。访问该数据库由校园网 IP 地址控制使用权限。Elsevier ScienceDirect 网址:http://www.sciencedirect.com。

二、ScienceDirect 检索

(一)检索途径

该数据库提供三种检索途径:快速检索(Quick Search)、高级检索(Advanced Search)、专家检索(Expert Search)和期刊检索(Journals Search)。

1. 快速检索:在数据库首页及高级检索、期刊浏览页面的上方均提供快速检索功能,快

速检索提供文章题名/摘要/关键词、作者、期刊名、卷/期/页等途径的检索。在检索框中直接输入检索词,Title、Abstract、Keyword 指检索词出现在题名、文摘或关键词中,各检索项默认为"与"的关系,点击"Go"即进行检索。

2. 高级检索:点击导航栏"Search",进入高级检索界面,高级检索提供两个检索词输入框,输入检索词,词间可选择逻辑运算关系(AND、OR、AND NOT,必须大写),并可对检索词进行限定字段检索,但前后方必须一致。同时还可以对资源类型、学科和时间段进行选择,见图4—4—1。

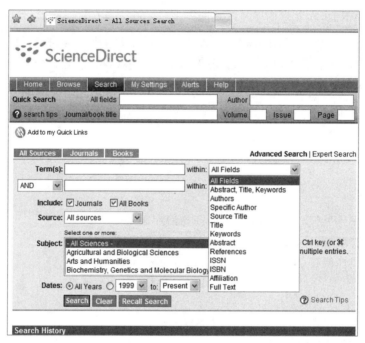

图 4—4—1 ScienceDirect Advanced Search 界面

高级检索默认的是字检索(Word),如要检索一个词,则必须使用引号。例如:输入"Myocardial Infarction",检索结果必须出现这个固定词组;如果一个检索框中输入 Myocardial Infarction,则 Myocardial 与 Infarction 之间是"与"的关系。作者检索时,先输入姓,然后输入名的全称或缩写,如 Robert PJ,并且默认为"前方一致",忽略空格和逗号。如输入"Robert P",可以检索"Robert,P","Robert Pcter"等。

3. 专家检索:用于多个字段的综合检索,用户可在检索提问框中直接输入检索表达式。在确定检索表达式时必须合理地使用检索字段和检索运算符,格式为字段名后加"="号,后跟检索词,如 abstract=gene encoding AND article title=protein,此处,"abstract"、"article title"均为字段名称,分别代表文摘字段、标题字段,"AND"为布尔逻辑运算符。常用字段有 Journal Title(期刊名)、Article Title(论文题名)、Key Words(作者提供的文摘和题名中的关键词)、Author(作者姓名)、PII(出版物识别码)、ISSN(国际标准期刊号)、Abstract(文摘)。Any Field 指论文的所有字段,包括题名、文摘、正文、作者字段。还可对检索做各种限定,如期刊所属学科、论文类型(文章型或目录型)、语种、出版日期等;还可对检索结果进行限定,如每页显示结果数、排序方式。系统默认的显示结果数为 10 个,且按相关度排列。使用专家检索的用户必须具备一定的检索知识,见图4-4-2。

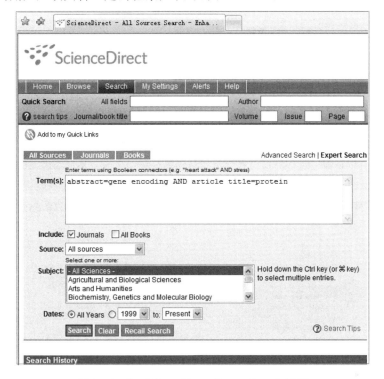

图4-4-2　ScienceDirect Expert Search 界面

4．期刊检索(journals search),如图4-4-3所示。

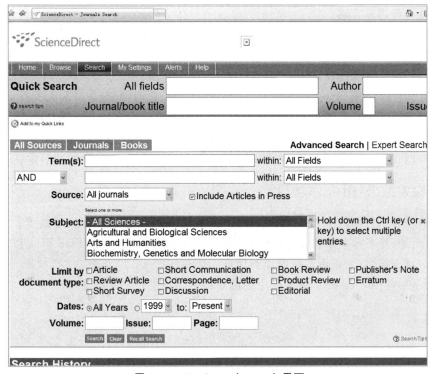

图4-4-3　journals search 界面

点击输入框上方 journals 即进入期刊检索界面，可对资源、学科、文献类型、年卷期页进行限定检索。

(二)期刊浏览(图 4—4—4)

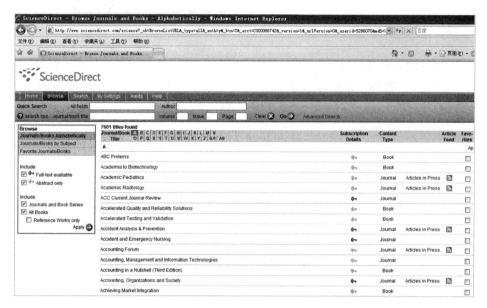

图 4—4—4　期刊浏览界面

在 Elsevier 主页上点击"Browse"可以浏览所有的期刊和丛书，在主页左侧还提供按字母和按学科两种浏览方式。

按字母浏览。将所有期刊按首字母顺序排列，用户点击任意一个字母，下面就会显示以这个字母开头的并按字顺排列的期刊列表，单击期刊刊名链接，可以浏览该刊的所有卷期。有全文的期刊前面有绿色标记。

按学科浏览。将期刊分为四大学科：物理与工程学、生命科学、医学和人文社会科学，在各学科下再进行细分。在按期刊刊名浏览时，可在页面左侧设定期刊访问权限：已订购期刊（可以查看全文）和非订购期刊（只能查看摘要信息）。期刊名称有绿色标记的期刊可以阅读全文。单击期刊封面图标，可以链接到 Elsevier Science 公司网站上该期刊的主页。

(三)检索结果(图 4—4—5)

检索结果显示页面的上方为检索结果概述，包括检索表达式、检出文献数等。每条记录提供篇名、出处、著者等基本信息，其下方还提供快速查看摘要、下载 PDF 全文和查看相关文章功能。点击篇名，可查看文献的详细信息。

在"search within results"输入框中还可对检索结果进行二次检索。

图 4-4-5 检索结果界面

四、个性化服务

ScienceDirect 数据库提供的个性化服务有我的提醒(My Alerts)和最新期刊目次报道服务(Alerts)。用户首先需要在线注册,注册后才能使用个性化服务功能。

我的提醒:注册后的个人用户可以设定你的个性化图书馆,设置 E-mail 提示,建立个性化的期刊目录、引文提示等服务。还可以在任何时间选定、增加,甚至完全取消已经选择的选定。

最新期刊目次报道服务:已经注册的个人用户可以设定以电子邮件接收最新出版的文章信息,包括电子优先出版的文章信息。可以选择最新目次,或是与关键词有关的最新出版文章,并要求接收新出版的目次报道。

五、作者投稿服务

Elsevier 电子期刊提供了作者在线投稿服务。经过期刊浏览找到所需投稿的期刊,在该期刊的浏览页面点击该期刊的封面图像,进入该期刊的主页后点击该期刊的投稿指南,然后进入作者投稿服务。用户在投稿前需要进行注册,然后选择期刊投稿,并可跟踪稿件的处理过程。作者投稿服务网址为 http://authors.elsevier.com。

(余 鸣)

第五节 免费电子期刊

随着科技的发展,电子期刊和电子图书的出现给读者提供了极大的方便。但是由于制作电子期刊和电子图书需要大量的高级人才和设备,需要投入大量的资金,因此许许多多的电子期刊和全文数据库需要昂贵的资金购买,这给读者带来了许多不便。

在英特网的免费资源中,学术性免费期刊是教学、科研中最有价值的网络共享资源之一。虽然免费期刊占整个电子期刊的比例较小,但其中不乏重要的高质量的专业学术期刊,因此深受广大科技人员青睐。

免费电子期刊有网络版和平行出版物两种。纯网络版电子期刊直接在网上发布,不发行印刷本,如:BioMed Central 在线出版的系列期刊。大部分免费电子期刊在出版印刷本的同时,将期刊全部或部分卷期全文发布于网上,供免费使用。目前,国外的免费电子期刊较多见,而国内的免费电子期刊较罕见。

免费期刊分全免、有期限限定免费、部分全文免费、免费试用和过期付费等。掌握免费学术电子期刊获取的途径和检索方法非常重要,现叙述如下:

一、Internet 搜索引擎搜索

很多电子期刊建立了自己的网站,提供网上服务,其中有免费期刊,也有需要付费才能检索的期刊。通常,使用普通的和医学专业搜索引擎搜索本专业的电子期刊,从中获取免费电子期刊的名称、网站和网址。对熟悉的电子期刊可在搜索引擎上直接输入关键词或刊名便可得到该期刊的网站。如用 Yahoo,在输入框中输:circulation,可以检索出有关 circulation 的网站和网页,在其中寻找 Circulation 期刊网站。便可得到免费全文。

大多数期刊全文是需要付费的,极少数是免费的,用户可在所要期刊上点击"全文",如果是免费的可直接点出全文。不出全文的情况有:①该期刊不是免费期刊,②许多期刊需要注册,如果是免费期刊会提供免费注册栏目,由用户自己设"用户名"和"密码",便可阅读和下载全文。在不清楚某刊是否免费、注册是否免费,用户可试着注册,如果注册成功,说明是免费期刊。

二、免费电子期刊网站

(一)Free Medical Journals (http://freemedicaljournals.com)

1. 简介

Free Medical Journals 网站是 AMEDEO.com（医学文献指南网）的免费期刊专栏。AMEDEO 为医疗保健的专业人员包括内科医生、护士、药剂师、医院管理人员、卫生专业的其他人员和病人等提供服务,使他们能够容易并及时地获得其专业的相关信息。

Free Medical Journals 提供涉及英语、西班牙语、葡萄牙语和法语 4 个语种的免费期刊 682 种,图书 365 种。该网站提供的免费期刊和图书是动态的,其数量和种类在不断变化。所有期刊设有 Topic（专题）、FMJ Impact（Free Medical Journals 网站影响因子）、Free access（免费取阅）、Title（期刊刊名浏览),刊名栏目按文献原文语种,同语种的期刊按刊名字顺排列。

2.检索方法

在主页左侧"Topic"(专题)中选择相关专题点击可出现相关期刊以及有关该期刊信息，点击期刊名可浏览相关专题期刊全文；

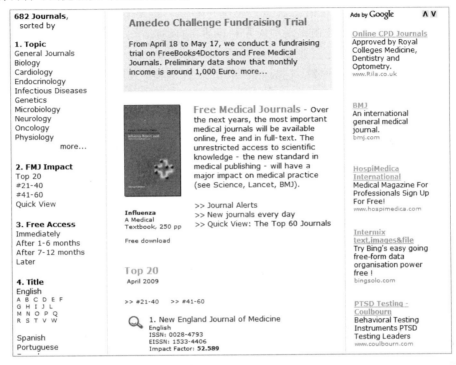

图 4-5-1　Free Medical Journals 主页部分

FMJ Impact 栏目提供 Free Medical Journals 网站影响因子最高的前 60 种期刊，排列顺序以影响因子从高至低排列，读者以此选择期刊浏览全文；

Free access(免费取阅)是以期刊免费时间的长短浏览期刊全文；

"Title"(刊名)以期刊按英语 English、西班牙语 Spanish 葡萄牙语 Portuguese 和法语 French 4 个语种进行区分，同语种下以刊名字顺浏览期刊全文。

Free Medical Journals 仅有浏览功能，没检索功能。在进入某免费期刊主页后，页面上"Archives"、"Issues"、"Past Issues"为过刊，"Current Issues"为现刊，"Searches"为检索栏目。可以在某期刊内浏览或检索。

(二)Highwire Press(http://highwire.stanford.edu)

1.简介

Highwire Press 免费电子期刊网站是由一些具有影响力的学术团体、大学出版机构和出版商共同创建的，它有全文搜索功能。它拥有来自 140 多位学术出版商提供的具有较高质量的经专家审核的 1 244 种期刊 5 744 540 篇全文。其中免费全文 1 898 228 篇，在出版商们的帮助下，Highwire 出版了具有最高引用频率的 200 种期刊中的 71 种期刊。

2.检索方法

HighWire 的检索方法主要有：基本检索和期刊浏览。

(1)基本检索：在该网站主页 Search 相应的栏目中填入相应的词，选择相关限制条件和时间检索。输入框后的"any"(表示检出的文章中含有其中任一检索词),"all"(表示检出的每篇文章中含有所有的检索词),"phrase"(表示检索词作为词组检索)。检索者输关键词时应注意选择。"Highwire－hosted only"(在 Highwire 期刊中检索),"All（including PubMed)"(在包括 PubMed 在内的所有数据库中检索),这些是检索范围的限定,应作选择。点击主页上方"Search"按钮出现的检索栏目比主页 Search 栏目多出 Title & Abstract（题目和文摘检索）及 Title(题目检索)。

在 Citation 栏目中添入年数、卷数和页数可以直接检索到某篇特定的文章,但要在 Highwire 收录了该篇文章的前提下才能检索到该篇文章。

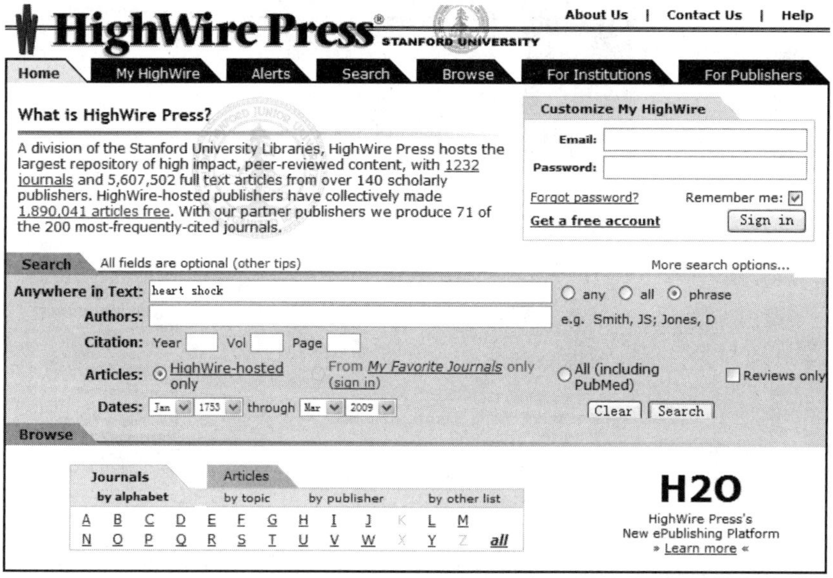

图 4－5－2　Highwire 主页

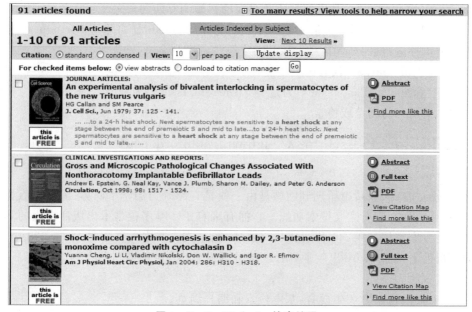

图 4－5－3　Highwire 检索结果

(2)浏览："Browse"栏目的"Journals by alphabet"为按刊名字顺浏览，"Articles ：by topic"按学科分类浏览，"by publisher"浏览各出版商提供的期刊，"by other list"按不同功能和使用对象分类浏览。

在字顺浏览中的期刊后注明"free SITE"(免费网站)、"free ISSUES"(过刊免费)"free TRIAL"(免费试用)等期刊情况。所有期刊均未注明多长时间后可免费。但在进入某期刊后，打开某篇全文时能直接点开的说明是免费的。如要求输"user name""password"同时还注明购买金额的，一定是不免费的。需要注册的可以试着注册，成功的即为免费的。在关键词检索结果页面文献题录中注明了是否免费，不免费的文献注明了付费金额，免费的注"free"。

	Advances in Physiology Education	info	free SITE
	Advances in Psychiatric Treatment	info	free ISSUES
	Affilia	info	
	African Affairs	info	
	Age and Ageing	info	free ISSUES
	Agronomy Journal	info	free ISSUES
	Alcohol and Alcoholism	info	free ISSUES
	AlphaMed Press Online Journals		
	American Association for Cancer Research Journals		
	American Association of Critical Care Nurses Journals		
	American Behavioral Scientist	info	
	American Diabetes Association Journals		
	American Heart Association Journals		free ISSUES
new	American Journal of Alzheimer's Disease and Other Dementias	info	free TRIAL

图 4-5-4　期刊刊名字顺浏览

(三)PubMed 数据库 (http://www.pubmed.com)

PubMed 数据库是美国国立医学图书馆(NLM)建立的生物医学和生命科学文献数据库。美国国立医学图书馆(NLM)坐落在美国马里兰州的贝塞斯达(Bethesda)，是世界上最大的图书馆，它收集资料并为生物医学和医疗保健提供信息和科研服务。PubMed 收录了4 600 种期刊，其中 1 200 万篇参考文献读者可以下载，许多参考文献链接了文摘，有些还链接了全文。

PubMed Central 是美国卫生部的生命科学期刊文献数字资料库，由卫生部信息中心(NIH's National Center)发展和管理。PubMed Central 数字资料库提供了来自于 130 多种生命科学期刊的免费全文。利用 PubMed Central，科学工作者、临床医生和对生命科学感兴趣的读者可以迅速检索到来自于各种信息源的免费全文和相关文献。

PubMed Central 检索方法见第三章 PubMed 数据库，在此不重复叙述。

(四)Medscape (http://www.medscape.com)

Medscape 是给专业人员、普通保健医生和其他卫生专业人员提供的综合性的医学信息和教育工具。经过简单的免费注册，Medscape 自动给用户发送重要的医学专业信息。免费注册 Medscape's MedPulse，Medscape 每周向用户发送时事通讯将 Medscape 医学专业新信息转告。Medscape 提供 125 种医学期刊和教科书，850 多个免费在线活动；提供商业、金融、管理和医学实践信息，深度描述最近的医学会议；用户可以免费取阅医学出版商提供的期刊内容。Medscape's 提供的服务包括：原始的、专业的医学目次、综述性文章、期刊评论、专家栏目、患者教育文章、书评等。会议报道方面，专家们从主要医学会议总结了一些关键性的数据和情况介绍；提供了 Medscape General Medicine 国际医学原始文献期刊。Medscape 医学新闻和医学新闻期刊出版商每日从路透社选择医学专业信息。

检索方法：基本检索、期刊浏览和其他栏目浏览。在"Search"栏目输词检索，点击该栏目下的"Journals"按钮浏览期刊全文，点击"More Journals"呈现按刊名字顺排列的所有期刊。见图 4－5－5 Medscape 主页、图 4－5－6 Journals 浏览。

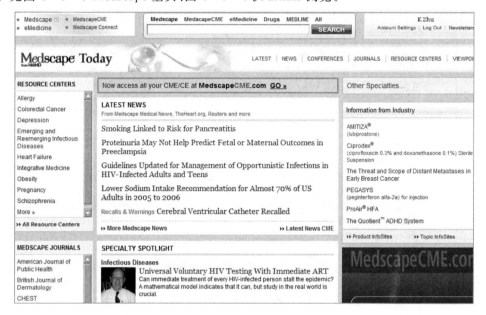

图 4－5－5　Medscape 主页

图 4－5－6　Journals 浏览

三、医学组织机构提供的免费期刊

BioMed Central (http://www.biomedcentral.com)

BioMed Central 的所有原创研究文章在发表之后立即可以在网上永久性免费访问。它收录了由出版商提供的199种经过专家评审并可以公开取阅的杂志。

BioMed Central 的许多杂志都有引用跟踪功能,并且已经有了一定的影响因子,以影响因子和其他以引用次数为根据的衡量标准在引导科学家决定在哪里发表自己的研究成果方面有着重要的作用。BioMed Central 支持 PubMed Central 和其他数字知识库,鼓励作者自行存储。

检索方法有:快速检索(Quick Search)、高级检索(Advanced Search)及期刊浏览(Journals A-Z)、期刊主题分类(Subject Areas)、网关(Gateways)、文章系列(Article Series)等浏览。少数期刊名后注有:accepting submissions 为免费注册方可获取全文。需要注意的是快速检索、高级检索途径需要注册后方可使用。

图 4-5-7　BioMed Central 主页

四、利用期刊、全文数据库和网站免费试用

尽管通过许多方式可以获得一些免费期刊全文,但还是少数,除了用以上介绍的途径外,还可通过注意收集新出现的医学期刊、数据库和网站信息,获得免费试用期的期刊和网站,从而获得免费全文。许多新出现的期刊、数据库和网站通过给读者提供免费试用期宣传自己的期刊、数据库和网站,以获取更多的用户订购。试用期长短不一,短则一月,长则二三个月,甚至半年。过期不免费,但是不断地有新的期刊、数据库和网站出现并免费试用。它们也是免费资源的一部分。读者通过利用试用期刊和网站,可以获得一些重要期刊的免费全文。

练习题

查找下列免费全文:

1. 检索"药物引起的过敏性皮炎(allergic dermatitis)的治疗";
2. 检索"股骨头缺血性坏死(avascular necrosis of femoral head)诊断";
3. 检索"癌症(cancer or tumor or carcinoma)脑转移(brain, cerebral 脑 metastasis, transfer 转移)";
4. 检索刊登在"Magn Reson Med Sci. 2003 Oct 1;2(3):109-15,文章篇名为:MR im-

aging of epidermoids at the cerebellopontine angle."上的免费全文。

（朱康玲）

第六节 其他外文全文数据库

一、OVID 检索系统

OVID Technologies 公司是世界著名的数据库提供商，1998 年被 Wolters Kluwer 公司收购，并于 2001 年 6 月与美国银盘（SilverPlatter Information）公司合并，组成全球最大的数据库出版公司。2007 年，OVID 发射 OvidSP 检索平台，所有数据在统一平台上检索。

目前 OVID 平台包涵生物医学的数据库 300 多个，如临床各科专著及教科书（Book@Ovid）、循证医学（EBM）、MEDLINE、EMBASE、BIOSIS，以及医学期刊全文数据库（journals@Ovid full Text）等。OVID 期刊全文数据库（Journals@Ovid Full Text）提供 60 多个出版商出版的科学、技术及医学类期刊 1 000 多种，其中包括 Lippincott，Williams & Wilkins，BMJ Publishing Group Ltd，Oxford University Press 出版的期刊。

LWW（Lippincott，Williams & Wilkins）作为 Ovid 的姊妹公司，同属于 Wolters Kluwer 集团的健康出版事业集团。LWW 是世界第二大医学出版社，其临床医学及护理学方面尤为突出。LWW 医学期刊全文库是 OVID 与 LWW 合作出品，该数据库收录 370 余种医学期刊，其中 154 种为核心刊（90% 为英、美核心刊），其中 SCI 收录 151 种，IM 收录 166 种，且收录期刊的影响因子较高。回溯期最早至 1993 年。Ovid 通过 OvidSP 平台提供 LWW 全部期刊的在线出版和平台服务。

OVID 的循证医学数据库是一套由医药界人士及医学相关研究人员研发的数据库，收录了临床循证的基础资料。循证医学文献作为临床决策、研究的基础，供临床医生、研究者使用，可节省阅读大量医学文献的时间。

进入 OVID 数据库后选择数据库，可以选择单一数据库，也可以选择多个数据库一同检索。OVID 检索途径有：基本检索（Basic Search）、高级检索（Advanced Ovid Search/SilverPlatter Search）、多字段检索（Multi-Field Search）、引文检索（Find Citation）、字段检索（Search Fields）等。使用 OVID 全文期刊，一是通过它的数据库记录中的"全文链接"进入，二是直接点击 数据库进入。

Journals @ Ovid Full Text 的检索途径有高级检索（Advanced Search）、基本检索（Basic Search）、题录检索（Find Citation）、字段检索（More Fields）和期刊浏览（Browse Journals）。字段检索有：关键词检索（Keyword）、作者检索（Author）、篇名检索（Title）、期刊刊名检索（Journal）。OVID 全文期刊的使用权限取决于用户购买期刊数量的多少。期刊全文中的链接大大方便了使用。例如，点击全文后某条参考文献的【Full-text Link】立刻得到该参考文献的全文；点击【MEDLINE Link】得到该参考文献在 MEDINE 中的记录；点击【Context Link】得到正文中标注该参考文献所在段落。

访问该数据库由校园网 IP 地址控制使用权限。建议检索完成后，尽快点击 LOGOFF 退出，以便其他用户登录。

二、ProQuest 数据库

ProQuest 数据库是 ProQuest Information and Learning 公司(原名 UMI 公司)通过 ProQuest 检索平台提供的一组数据库,涉及商业管理、社会与人文科学、科学与技术、金融与税务、医药学等广泛领域,包含学位论文、期刊、报纸等多种文献类型。该公司 Web 版数据库的主要特点是将二次文献与一次文献"捆绑"在一起,为最终用户提供文献获取一体化服务。用户在检索文摘索引时就可以实时获取 image 全文信息。

ProQuest 系统有许多独到之处,如自然语言检索、数据库分段、概念化智能查询等等能帮助用户快捷地查到其所需要的信息。ProQuest Smart Search 给读者提供了一个强大、快捷、简易的检索方式。通过它提供的 Alert 功能,读者可以定期获得其设定检索式的更新检索结果列表。ProQuest 检索平台同时还提供"高级检索"、"出版物检索"、用 Email 发送全文(包括 PDF 格式)、检索汇总和导出题录等功能。

ProQuest 检索平台主要包含以下生物医学数据库:

ProQuest Health and Medical Complete,简称 PHMC(健康与医学大全)。

ProQuest Nursing & Allied Health Source(关于护理与联合医疗的全文期刊)。

ProQuest Psychology Journals(心理学全文数据库)收录了 570 多种心理学和相关学科的出版物,其中全文刊 460 种。包括美国、加拿大、英国等国家出版的刊物。该库中的文本全文从 1991 年开始,图像全文从 1987 年开始,图像加文本全文从 1995 年开始。图像全文部分收录了对心理学及相关领域研究至关重要的数据、表格、图表、相片及图例等内容。

ProQuest Medical Library(简称 PML)以 MEDLINE 作索引,覆盖并收录了医疗卫生及相关专业的重要期刊,涵盖了儿科学、神经病学、药理学、心脏病学、牙科学、妇产科学、矫形外科学、肿瘤学、护理学、外科手术、物理治疗等上百种专业期刊。

MyiLibrary 提供超过 16 900 种有关医学方面的电子图书。

Pharmaceutical News Index(药学信息资料库)。该库提供有关药学新闻、制药研究、药物法规等方面的信息。涵盖了药学、医疗保健、生物技术和医疗设备等方面的重要专业出版物。

ProQuest Biology Journals(生物全文期刊数据库):是生物学领域的重量级数据库,包含了业界权威期刊 330 多种,其中全文期刊 290 多种。它包括的主要学科有:环境、生物化学、神经学、生物技术、微生物学、植物学、农业、生态学及药物学、大众健康等。

Medical Evidence Matters(循证医学数据库)。2008 年,ProQuest 收购了循证医学数据库 Evidence Matters,并将其更名为 Medical Evidence Matters,该数据库目前涵盖了 10 个主题,并计划扩展主题范围。

Academic Research Library,简称 ARL,(学术研究图书馆):综合参考及人文社会科学期刊论文数据库,涉及社会科学、人文科学、商业与经济、教育、历史、传播学、法律、军事、文化、科学、医学、艺术、心理学、宗教与神学、社会学等学科,收录期刊总数 4 100 种以上,全文期刊总数 2 800 种以上,收录年限为 1970 至今,数据库每日更新。

还包括 ProQuest Health Management(健康管理)、ProQuest Family Health(家庭健康)、ProQuest Dissertations & Theses(ProQuest 数字化博硕士论文文摘数据,简称 PQDT,原名 PQDD)等与医学有关数据库。子数据库的多少取决于用户单位订购的数量。

下面以 ProQuest Health & Medical Complete 为例介绍其检索方法。通过网址 登陆（IP 地址控制）。

(一)概况

ProQuest Health & Medical Complete 是在原 ProQuest Medical Library 数据库所覆盖的临床研究文献的基础上，合并进一些消费者与健康管理方面的文献而推出的数据库。

PHMC 收录了 1 476 种重要的基础医学、临床医学及卫生健康方面的专业期刊，其中 1 220 种是带有完整全文或图像的全文刊。数据库中大部分期刊都被 Medline 收录。PHMC 中的所有全文带图像文章都包含有原文中的图表、图片、照片、图形、表格或其他图形元素，而这些往往都是基础或临床医学领域所出版刊物中不可或缺的一部分。其中的许多期刊全文都带有逐页扫描的、高分辨率的图像。它可以作为科研机构、医学院、医院以及企业图书馆的核心馆藏，满足各种不同类型科研人员对医学期刊全文的需求。数据库每周更新。

PHMC 收录来源于 360 多家出版商的核心期刊。核心期刊包括：NewEngland Journal of Medicine，The Lancet，American Journal of respiratory & Critical Care Medicine，Nature，Diabetes，Diabetologia，Annual Review of Immunology，Clinical Chemistry，Human Mutation，Journal of the National Cancer Institute 和 Shape 等。收录了急症护理医学、临床神经病学、公共场所、私人场所以及环境健康学、儿科学、妇产科学、内科医学、免疫学、牙科学、耳鼻喉学、心理学等学科领域中的顶级期刊。

(二)检索途径

PHMC 目前通过 Proquest 平台提供使用，用户可以与 Proquest 其他资源一起检索利用，可以与 ProQuest 平台上的电子书籍实现交叉检索，也可以选择数据库单独利用。

PHMC 提供四种检索方法：基本检索(Basic Search)、高级检索(Advanced Search)、主题指南(Topic Guided)、出版物检索(Publication Search)。可采用布尔逻辑算符、截词算符和位置算符等检索技术。

1. 基本检索(Basic Search)

如图 4－6－1 所示，可以检索单字或词，即在检索框中直接输入要检索的字或词，如果组成词的单字为三个或三个以上，则必须使用引号将检索词括起来，且不区分大小写。

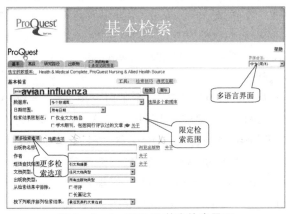

图 4－6－1　PHMC 基本检索界面

2. 高级检索(Advanced Search)

屏幕上列有多个检索框和字段的下拉式菜单供选择,使用更为方便。在字段下拉式菜单中,除"Citation and Abstract"和"Citation and Document Text"外,还可选择某一专指性字段检索:文摘、正文、文章题名、文献类型、作者、公司/机构、图像标题、NAICS(北美工业分类系统)代码、地理名称、个人名称、产品名称、出版物名称、主题词。

3. 主题指南(Topic Guided)

当输入关键词、主题词、公司/机构、地理名称、个人名称等,点击"Find Term",系统会显示与输入的词相关的其他词,供读者选择。

4. 出版物检索(Publication Search)

可检索某一种特定出版物的全文,包括对某一特定卷期内容的检索。可输入出版物的全称、部分内容或使用以"?"结尾的截词检索,如,检索包含 history,historical,或 historian 的所有出版物名称,则输入"hist?"即可。还可直接点击 Show all publications 按字顺检索。

(三)检索结果处理

检索结果目录(result list)显示:包括篇名、作者、出版物名称、出版地、出版日期、卷、期、页等,每一篇文献都用图标显示是否有文摘(Abstract)、全文(Full text)、PDF 文件(Page Image)、全文和图像(Text+Graphics)。

检索结果排序:在检索结果的右上方提供了排序方式(Sort Results by):按由近到远日期顺序(Most recent first)、按相关度逐渐降低(Most relevant first)。

标记记录:在目录页的文献序号左侧有一选择框,可以标记所需文献,然后点击页面上部的"Marked List"图标显示所有标记过的记录。对标记的记录提供了存盘、电子邮件发送等输出方式。

三、OCLC FirstSearch 数据库

OCLC(OCLC Online Computer Library Center)联机计算机图书馆中心,总部设在美国俄亥俄州,是一个非赢利组织,主要提供以计算机和网络为基础的联合编目、参考咨询、资源共享和保存服务。目的是推动更多的人检索世界上的信息、实现资源共享并降低使用信息的成本。OCLC 创建于 1967 年,目前使用 OCLC 产品和服务的用户已有 112 个国家和地区的 71 000 多个图书馆和教育科研机构。

OCLC FirstSearch 是 OCLC 从 1991 年推出的一个联机检索服务,现在 FirstSearch 以 Web 为基础,采用了当前信息通讯领域的高新技术,提供给用户一个便捷、友好、世界范围的参考资源。目前通过该系统可检索 70 多个数据库,其中有 30 多个库可检索到全文,总计包括 11 600 多种期刊的联机全文和 5 400 多种期刊的联机电子映象,达 1 000 多万篇全文。这些数据库涉及广泛的主题范畴,涵盖了各个领域和学科。

OCLC FirstSearch 基本组包括 12 个数据库,其中大多是综合性的库,内容涉及艺术和人文科学、商务和经济、会议和会议录、教育、工程和技术、普通科学、生命科学、医学、新闻和时事、公共事务和法律、社会科学等领域。其中 WorldCat 是世界上最大的、由一万多个成员馆参加的联合编目数据库,它包括 11 种资料类型,400 多种语言,涵盖了从公元前 1000 年到现在的资料,目前已达 1 亿多条记录。WilsonSelectPlus 是一个科学、人文、教育和工

商方面全文数据库。另外,基本组还包括 WorldCat 中所有硕士和博士论文的 WorldCat-Dissertations 数据库和国际会议论文库 PapersFirst 等。

基本组数据库如下(后面带+号的库能检索到全文):

ArticleFirst(+):收录 1990 年以来的 16 000 多种来自世界各大出版社的期刊目次页所列文章的索引,有 2 300 多万条记录,包括近一半的全文。主题涵盖商业、人文学、医学、科学、技术、社会科学、大众文化等等。每天更新。

ClasePeriodica(+):由 Clase 和 Periodica 两部分组成,其中 Clase 索引了拉丁美洲期刊中发表的社会科学与人文科学的文献;Periodica 收录科技方面的期刊。Clase 收录的期刊从 1975 年至今,Periodica 收录的期刊从 1978 年至今。每季度更新。

Ebooks(+):收录了参加 WorldCat 联合编目的 OCLC 成员图书馆编目的所有电子书,共 67 万 5 千多种,涉及所有主题,涵盖所有学科,收录日期从公元前 1 000 年至今。每天更新。

ECO:收录了自 1995 年以来来自世界上 70 多家出版社的 6 000 多种期刊,总计 360 多万篇电子文章,涉及几乎所有学科。每月更新。

ERIC(+):收录 1966 年至今的 600 种以上的期刊和有关教育方面的几乎所有资料,共有记录 120 多万条,包括一个 ERIC 叙词表,可免费阅读近 24 万篇全文。每月更新。

MEDLINE(+):收录 1950 年至今,共有记录 1 700 多万条,其中近 80% 为全文,主题涵盖了所有医学领域,包括牙科和护理。每天更新。

PapersFirst:收录 1993 年以来所有在"大英图书馆资料提供中心"的会议录收集的研讨会、大会、博览会、研究讲习会和其他会议的资料,共有 650 多万条记录,可通过馆际互借获取全文。每月更新 2 次。

Proceedings:Proceedings 是 PapersFirst 的相关库,收录在世界各地举行的学术会议上发表的论文的目录表。每周更新 2 次。

WilsonSelectPlus(+):收录 1994 年至今的包括美国与国际上的专业刊物、学术期刊和商业杂志在内的约 2 500 种期刊,150 多万条记录。包括科学、人文、教育和工商方面的全文。每周更新。

WorldAlmanac:收录 1998 年至今的传记、百科全书款目、事实与统计资料,有记录 32,000 多条,可以联机获取包括全部内容的完整记录。每年更新。

WorldCatDissertations(+):收录 OCLC WorldCat 中所有的博硕士论文和已出版的以 OCLC 成员编目的论文为基础的资料,涉及所有学科,涵盖所有主题,共有记录 800 多万条,约 100 多万篇的全文,可免费下载。每天更新。

WorldCat:是 OCLC 的一个联合目录数据库,也是世界上最大的书目记录数据库,从 1971 年建库至今,共收录有 470 多种语言的 1 亿多条记录,每个记录中还带有馆藏信息,总计达近 13 亿条馆藏,基本上反映了从公元前 1 000 多年至今世界范围内的图书馆所拥有的图书和其他资料。每十秒更新一次。

OCLC FirstSearch 数据库检索包括简单检索,高级检索,专家检索,默认是高级检索;12 个数据库均在 FirstSearch 平台检索,但各个数据库的简单检索和高级检索界面略不相同;跨库检索时,可用的检索框和限制条件相对较少。

(金新建)

第五章 引文索引数据库

引文索引的概念是由美国人 E·加菲尔德在 20 世纪 60 年代提出,并创办了《科学引文索引》(SCI,1963 年创刊)、《社会科学引文索引》(SSCI,1973 年创刊)和《艺术与人文科学引文索引》(A&HCI,1978 年创刊)。SCI 独特的功能在全世界产生了重要影响,经过 40 多年的发展,目前已成为世界上影响最大、最权威的引文索引数据库。在 SCI 的影响下,我国也建立了一些有自己特色的引文索引数据库:中国科学引文索引(CSCD)、中国科技论文与引文数据库(CSTPCD)、中文社会科学引文索引数据库(CSSCI)、中国引文数据库(CCD)等。

引文索引精选各学科最重要、最有影响力的学术期刊作为来源期刊,将来源期刊的论文及其参考文献分别有序地组织起来,建立来源文献索引和引文索引。利用文献之间的相互引证关系来构造索引系统,从引文索引中查出一批所需的文献后,再利用这些文献的引文查找一批新的文献,这样不仅能获得一定数量的相关文献,还能揭示旧文献对新文献的影响(越查越旧),新文献对旧文献的评价(越查越新),展现新旧文献在学术研究中的关系,同时引文索引又打破了传统的学科分类界限,既能揭示某一学科的继承与发展关系,又能反映学科之间的交叉渗透的关系(越查越深入)。

引文相关概念解释:

引文(citation):是引用文献(citing paper)和被引用文献(cited paper or cited references)的通称,但"引文"更多的是指被引用文献,即原始论文最后所附的参考文献(reference)或脚注。原始论文也称为"引用文献"、"施引文献"、"来源文献"或"引证文献"。

参考文献:反映原始论文研究工作的背景和依据。"二级参考文献"是指参考文献的参考文献,进一步反映原始论文研究工作的背景和依据。沿着参考文献查文献,则越查越旧,可以回溯某一研究文献的起源与历史。

引证文献:是引用原始文献的文献。反映原文研究工作的继续、应用、发展或评价。"二级引证文献"是指引证文献的引证文献。更进一步反映原研究工作的继续、发展或评价。沿着引证文献越查越新,可以追踪其最新的进展。

同被引文献:是与本文同时被作为参考文献引用的文献,与本文共同作为进一步研究的基础。

共引文献:也称"同引文献",是与本文有相同参考文献的文献,与本文有共同研究背景或依据。"同被引文献"和"共引文献"在引文数据库做为"相关文献"链接。沿着相关文献越查越深入。

第一节 ISI Web of Science

一、Web of Science 简介

1997年，Thomson Scientific将SCI，SSCI，A&HCI整合，利用互联网的开放环境，创建了网络版的、基于ISI Web of Knowledge平台的多学科引文数据库——Web of Science。主要有三大引文数据库以及两大化学信息数据库。数据可以回溯到1900年，信息来源于全球9 300多种权威的、高影响力的学术期刊。

Scinece Citation Index Expanded(SCI－EXPANDED)：为SCI扩展版。收录约7 700(SCI 3 769种)种世界领先的科技期刊，周更新，每周加入18 700余条新记录，数据回溯至1900年。覆盖学科领域：农业、天文学与天体物理、生物化学与分子生物学、生物学、生物技术与应用微生物学、化学、计算机科学、生态学、工程、环境科学、食品科学与技术、基因与遗传、地球科学、免疫学、材料科学、数学、医学、微生物学、矿物学、神经科学、海洋学、肿瘤学、儿科学、药理学与制药、物理学、植物科学、精神病学、心理学、外科学、通信科学、热带医学、兽医学、动物学。

Social Sciences Citation Index 简称 SSCI——"社会科学引文索引"收录期刊2 684种，数据回溯到1956年。

Arts& Humanities Citation Index 简称 A&HCI——"艺术与人文科学引文索引"收录期刊1 452种，数据回溯到1975年。

Current Chemical Reactions 简称 CCR——收录1840年以来1百万条新的化学反应。

Index Chemicus 简称 IC——收录1993以来新的260万个化合物。

二、Web of Science 首页

Web of Science 现在页面的数据库选项、检索途径、各项功能按钮、字段选项、年代限制、检索结果的输出、个性化服务以及在线帮助等都已汉化，每个页面都有详细的中文注释，或提供详细的操作步骤，检索非常方便(如图5-1-1所示)。检索原理和方法与普通数据库基本相同，可参阅其他章节。主要介绍 Web of Science 独特的记录格式、强大的检索结果分析功能和引文报告。

图5-1-1 首页的入口选项

三、Web of Science 的全记录格式

Web of Science 来源文献的全记录除了具有普通数据库的字段外，还提供当前文献的"施引文献(times cited)"、"参考文献(cited references)"、"相关文献(Related Records)"的链接及创建"引证关系图"(如图5-1-2所示)。通过这些链接，可以向前层层引证，向后层层查询，横向交叉学科文献查询，实现"将一篇文献作为检索字段从而跟踪一个Idea的发展

过程"。

图5-1-2是我校张学军教授在Journal of Investigative Dermatology 2002年119卷第6期发表的一篇论文被SCI收录的全记录,页面显示至目前为止被引用50次,参考文献45篇。点击"50",显示50篇施引文献题录,题录下有"被引频次",可以链接施引文献的施引文献。点击"参考文献45",显示45篇参考文献,可以查阅参考文献的参考文献。相关文献链接有19 665篇,这些文章的参考文献列表至少引用了一篇被张学军当前记录引用的参考文献,可以根据它们与源记录共享的参考文献的数量对相关文献进行分级。点击"引证关系文献"可以生成图表。

图5-1-2 记录格式界面

四、Web of Science的检索结果分析

Web of Science检索结果页面设"分析检索结果"和"创建引文报告"两个功能按钮(如图5-1-3所示),"分析检索结果"对当前检索结果从多角度进行分析,形成分析结果报告;"创建引文报告"对当前检索结果生成引文报告图表。例如:检索该库收录的安徽医科大学作者发表的文献,检索结果共941篇(含合著者)(如图5-1-3所示)。

(一)分析检索结果

对安徽医科大学作者发表的文献941篇文献进行分析。点击"分析检索结果"按钮进入分析结果页面(如图5-1-3下图所示),共设作者、国家/地区、文献类型、机构名称、语种、出版年、来源出版物、学科类别、会议标题等多个分析选项。941篇文献包含很多和国内外其他机构合作的非第一机构作者文献,先剔除与其他机构合作的文献再进行分析,方法是先选择"机构名称"或"国家/地区",点击"分析"之后,系统生成按机构名称或国家/地区排序报告表,将合著者机构或国家/地区选择删除,筛选出406篇文献基本是安徽医科大学第一作者的文献。再选择"作者"分析,所显示的文献报表按作者发文量顺序显示这些值。报告中排名在前的作者,主要是我校皮肤病及药学等专业的学科带头人。再可以根据需要,选择其他分析选项进行分析,获得分析报表。

图 5—1—3 检索结果分析界面

(二)创建引文报告

"创建引文报告"的功能是可以迅速获得一批文献的引用文献。点击该功能按钮,系统检索出当前结果406篇文献的全部施引文献生成引文报告柱状图(如图5—1—4所示),图右边显示:安徽医科大学作者发表的406篇论文5年被引总频次1 174次。图下按被引频次顺序列出406篇论文列表。被引频次最高的是张学军的1篇论文。点击论文标题,可以链接到全记录(如图5—1—2所示)。点击文题后的被引频次50,显示该篇文献的50篇施引文献,点击图上的"查看施引文献",显示全部1174篇施引文献。显示检索结果后,可以对当前检索结果继续进行检索结果分析。

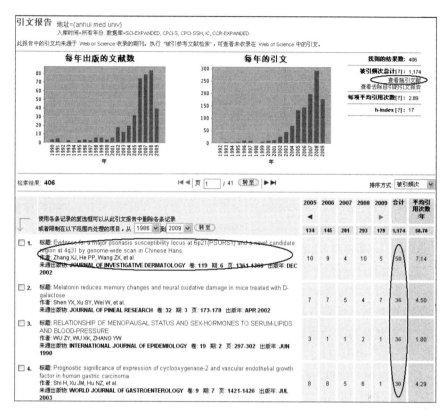

图 5-1-4 引文报告图表

五、被引参考文献检索

被引参考文献检索页面提供 3 个检索字段：被引作者、被引著作、被引年份。3 个检索字段检索结果显示格式相同，以表格显示每篇引文的被引作者姓名、被引著作题名、被引年卷期、施引文献数。可以在表格中对检索结果进行确认选择，再显示施引文献。被引参考文献包含来源文献的全部参考文献，所以检索结果中包含来源文献和非来源文献，来源文献可以链接全记录，非来源文献没有全记录。来源文献后有"查看记录"的链接，可以链接全纪录，进行检索结果分析，只可以显示来源文献全记录。

第二节 中文引文索引数据库

一、中国科学引文数据库(CSCD)

中国科学引文数据库(Chinese Science Citation Database，CSCD)创建于 1989 年，收录我国数学、物理、化学、天文学、地学、生物学、农林科学、医药卫生、工程技术、环境科学和管理科学等领域出版的中英文科技核心期刊和优秀期刊。数据库分为核心库和扩展库，核心库的来源期刊经过严格的评选，是各学科领域中具有权威性和代表性的核心期刊。扩展库的来源期刊经过大范围的遴选，是我国各学科领域优秀的期刊。数据库的来源期刊每两年进行评选一次，2009 年至 2010 年，共遴选了 1 121 种期刊，其中英文刊 65 种，中文刊 1 056

种;核心库期刊744种,扩展库期刊377种。CSCD已积累从1989年到现在的论文记录300万条,引文记录近1 700万条。年增长来源记录20余万条,引文记录250余万条。中国科学引文数据库还提供了数据链接机制,支持用户获取全文。

CSCD是我国第一个引文索引数据库。数据库系统全面参照美国SCI的编制体系,功能渐趋完善,被誉为"中国的SCI"。1995年CSCD出版了我国的第一本印刷本《中国科学引文索引》,1998年出版了我国第一张中国科学引文数据库检索光盘,1999年出版了基于CSCD和SCI数据,利用文献计量学原理制作的《中国科学计量指标:论文与引文统计》,2003年CSCD上网服务,推出了网络版,2005年CSCD出版了《中国科学计量指标:期刊引证报告》。2007年中国科学引文数据库与美国Thomson－Reuters Scientific合作,中国科学引文数据库将以ISI Web of Knowledge为平台,实现与Web of Science的跨库检索,中国科学引文数据库是ISI Web of Knowledge平台上第一个非英文语种的数据库。

CSCD已被我国科研院所、高等学校的课题查新、基金资助、项目评估、成果申报、人才选拔以及文献计量与评价研究等多方面作为指定的查询库。主要包括:中国科学院院士推选人指定查询库;自然基金委国家杰出青年基金指定查询库;第四届中国青年科学家奖申报人指定查询库;自然基金委资助项目后期绩效评估指定查询库;自然基金委国家重点实验室评估查询库;教育部学科评估查询库;众多高校及科研机构职称评审、成果申报、晋级考评指定查询库等。

CSCD首页"来源刊浏览"可以查阅来源刊收录年限,从刊的卷期显示文献。通过来源刊可了解各学科的核心期刊。

CSCD"来源文献检索"界面提供作者、第一作者、题名、刊名、机构、第一机构、基金名称、实验室等检索字段。第一作者、第一机构、实验室字段是独特的。源文献记录页面构建了引证文献、参考文献、相关文献层层链接,检索结果可以从多角度生成分析报表。

CSCD"引文检索"界面提供的字段:被引作者、被引第一作者、被引来源、被引机构、被引实验室、被引文献主编。比Web of science多,检索更加方便。

二、中国科技论文与引文数据库(CSTPCD)

中国科技论文与引文数据库(Chinese Science and Technology Paper and Citation Database,CSTPCD)。1989年创建,它是中国科技信息研究所信息分析研究中心与万方数据库公司在历年开展科技论文统计工作的基础上,开发的多功能数据库,共设论文分析与引文分析两部分,它既有科技论文与引文的统计分析功能,又有很强的文献检索功能。它通过先进的信息技术手段自动完成数据的采集、建库和统计分析工作,为科技界研究与评价科学活动水平和交流传播机制提供了必要的手段和工具。

三、中文社会科学引文索引(CSSCI)

中文社会科学引文索引(Chinese Social Sciences Citation Index,CSSCI)。1998年由南京大学与香港科技大学合作研制,被列为教育部人文社会科学研究"九五"规划重大项目。从1998年起,每年出1版。"中文社会科学引文索引",(CSSCI)光盘和网络版为用户提供了方便、灵活的获取来源文献和被引信息的多种方法和途径。可以作为社会人文科学主要文献信息查询与评价的重要工具,填补了我国社会科学引文索引的空白。

四、中国引文数据库(CCD)

中国引文数据库(Chinese Citation Database，CCD)，是中国知网《中国知识资源总库》中的引文索引数据库。收录了中国学术期刊(光盘版)电子杂志社出版的所有源数据库产品的参考文献，其中源数据库包括：中国期刊全文数据库、中国优秀硕士学位论文全文数据库、中国博士学位论文全文数据库、中国重要会议论文全文数据库、中国重要报纸全文数据库、中国图书全文数据库、中国年鉴全文数据库等。收录年限从1912年至今。目前实现了引用文献和被引用文献的链接，揭示了各种类型文献之间的相互引证关系。它不仅可以为科学研究提供新的交流模式，同时也可以作为一种有效的科学管理及评价工具。截至2007年12月，累计链接被引文献达 6 848 642 篇，引文数量远远高于国内其他引文数据库。CCD 是基于全文数据库的引文数据库，可以直接链接全文。目前是开放式的，可以免费查询。

(一)引文检索

进入中国知网首页(http://www.edu.cnki.net/)学术文献总库，选择"中国引文数据库"，进入引文检索高级检索页面。检索框设12个被引字段选项：被引题名、被引作者、被引第一作者、被引关键词、被引摘要、被引单位、被引刊名、被引年、被引期、被引基金、被引ISSN、被引统一刊号，另设资源及时间选项(如图5－2－1)。左栏设有各项数据统计功能。

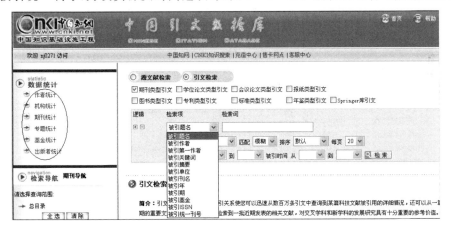

图5－2－1 中国引文数据库高级检索页面

检索举例1：检索韩卉做为第一作者发表的文献被引用情况。

从被引第一作者入口，检索"韩卉"，共检索到18篇被引文献，检索结果以表格形式列出18篇被引论文的标题、作者、出处和被引次数(如图5－2－2所示)，点击"报告"，生成检索报告(如图5－2－3所示)。检索报告中显示18篇文献的引文及总被引频次。点击被引频次，显示引证文献。点击文献标题，显示该篇文献的标题、中英文文摘及本文链接的网络示意图。

检索举例2：检索张学军教授主编的《现代皮肤病学基础》一书被引用的情况。

选择图书类型引文 → 点击检索项前＋，添加选项，被引作者框输入张学军，被引书名框输入现代皮肤病学基础 → 点击检索 → 结果共被引143次(如图5－2－4所示)。点击"报告"即显示所有施引文献。

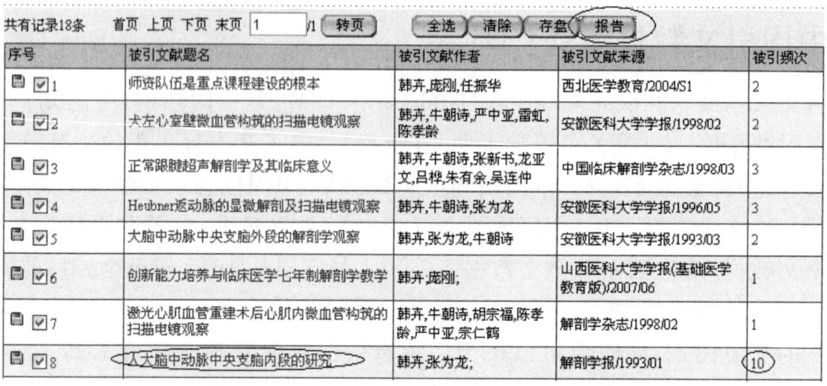

图 5-2-2　被引第一作者检索结果列表

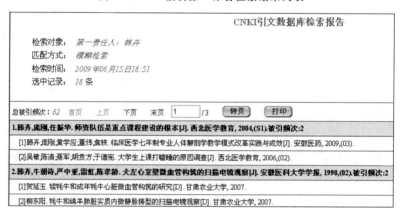

图 5-2-3　检索报告

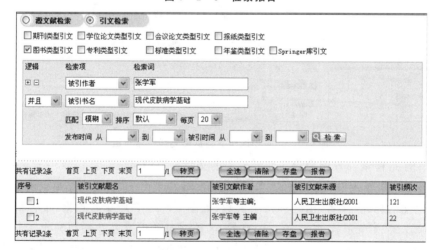

图 5-2-4　图书引文检索

(二)数据统计

该库提供"作者统计、机构统计、期刊统计、专题统计、基金统计、出版者统计"(如图 5-2-1 所示)。"机构统计"下设的统计项有:发文量、各年被引量、下载量、H 指数、作者发文排名、作者被引排名。输入机构名称,可以迅速生成各项统计图标。

第三节 期刊引用报告

期刊引用报告是建立在引文索引数据库基础上,对其来源期刊进行统计、分析、并进行综合评价而编制的查询工具。一般每年出版一次,它客观地统计来源期刊刊载论文的数量、论文的被引用次数等原始数据,应用文献计量学的原理,计算出各种期刊的影响因子、即年指标、被引频次、被引半衰期等反映期刊质量和定量的指标,系统地分析各学科期刊的相对重要性。国内外引文索引数据库的来源期刊完全不同,美国科学信息研究所(ISI)每年发布的期刊引证报告(Journal Citation Reports,JCR),发布世界范围内的科技期刊的引用数据,国内引文数据库的期刊引证报告主要发布国内科技期刊的引用数据。

一、ISI 期刊引用报告(Journal Citation Reports,JCR)

JCR 是美国 ISI 编制的反映期刊引文数据,进行期刊质量比较的工具,是综合了解学术期刊的唯一评价性的工具。通过 JCR 可以查询到某个学科领域中,哪些期刊在学科领域中影响力最大、发表文章最多,哪些期刊是被学者们经常利用和引用的,哪些期刊最热门,哪些期刊是综述性的期刊,JCR 可以指导研究人员有选择的浏览学术期刊,并且结合实际有选择的投稿。可以为图书馆的选刊工作提供依据,并可以为每种刊存放多久后即可归档,提供一个合适的时间参考。

JCR 一年出版一次,分两个版本:JCR Science Edition《期刊引用报告－科学版》提供 SCIE 中所收录的科学技术领域 6 000 多种期刊的引文分析信息;JCR Social Sciences Edition《期刊引用报告－社会科学版》提供 SSCI 中所收录的社会科学领域 1 700 多种期刊的引文分析信息。

JCR 对每种被收录的期刊,都会提供以下的统计数据:

影响因子(Impact Factor):是国际上通用的期刊评价指标。具体算法为:用该期刊前两年发表论文在当年被引用的次数除以该期刊前两年发表论文的总数所得到的值。可以用来评估同一研究领域不同期刊的相对重要性。一般认为影响因子能够较好地反映期刊被使用的真实客观情况,可较公平地评价各类学术期刊,通常影响因子越大,期刊的学术影响力和作用也越大。图书馆员利用影响因子可以帮助他们决定应该订购哪些期刊,作者通过影响因子可以决定将他们撰写的论文发表在哪本刊物上,学生通过查看刊物的影响因子挑选出哪些刊物适合他们阅读。

年度总引文数(Total Cites):在选定的年限里对某一方面刊中所有文章的被引用次数的总和。

即时指数(Immediacy Index):用某一年中发表的文章在当年被引用次数除以同年发表文章的总数得到的指数(仅计算研究论文和评论性文章)。用于评估特定期刊在当年被引用的速度,反映出哪些期刊发表的文章比较热门。

年度发表文献数(Current Articles):(不包括 Editorials、Letters、Meeting Abstracts 等)某特定期刊当年发表的文章的总数。

期刊被引半衰期(Cited Half-life):指期刊达到 50% 被引用率所需要的时间。该数值有助于图书馆确定期刊的馆藏和存档的策略。

二、中国期刊引证报告

(一)中国科技期刊引证报告(CJCR)

CJCR是中信所从1998起开始出版的期刊评价工具书,每年出1版。CJCR以中国科技论文统计源期刊的引文为依据,选择总被引频次、影响因子、即年指标、被引半衰期、论文地区分布、基金论文数和自引总引比作为期刊评价指标,按期刊所属学科、影响因子、总被引频次和期刊字顺分别排序,可用于期刊的质量评价。

(二)中国科技期刊引证指标数据库 (CSCD JCR Annual Report)

中国科技期刊引证指标数据库是根据CSCD年度期刊指标统计数据创建的。该统计数据以CSCD核心库为基础,对刊名等信息进行了大量的规范工作,所有指标统计遵循文献计量学的相关定律及统计方法,这些指标如实反映国内科技期刊在中文世界的价值和影响力。

(熊慧萍)

第六章 网络特种文献检索

第一节 循证医学文献检索

一、概述

循证医学(Evidence-Based Medicine EBM)是将所能得到的最佳文献证据、医护人员的临床经验、与患者的期望三者相结合,应用于临床工作中。其核心思想是:任何医疗决策都应建立在新近最佳临床科学研究证据基础上,以保证决策的科学化。循证医学的最终收益者是患者。

20世纪80年代初期,以McMaster University著名内科学家David L.Sackett为首的一批临床流行病学家,在该医学中心的临床流行病学系和内科系率先对住院医师举办了循证医学培训,取得很好效果。经过反复实践,于1992年起在《JAMA》等杂志上发表了一系列循证医学的文献,受到广泛关注。并由Brian Haynes和David L.Sackett发起,在美国内科医师学院组织了一个杂志俱乐部(American College of Physicians Journal Club, ACPJC),开始对国际上30余种著名杂志发表的论著进行系统评价,并以专家述评的形式在《Annals of Internal Medicine》上发表。1992年,正式提出了循证医学的概念,同年成立了英国Cochrane中心。1993年国际上正式成立了Cochrane Collaboration,广泛地收集临床随机对照试验(RCT)的研究结果,在严格的质量评价的基础上,进行系统评价(RS)以及荟萃分析(meta-analysis),将有价值的研究结果推荐给临床医生以及相关专业的实践者,以帮助实践循证医学。2000年David Sackett教授在《怎样实践和讲授循证医学》一书中,定义循证医学为"慎重、准确和明智地应用当前所能获得的最好的研究依据,同时结合临床医师的个人专业技能和多年临床经验、考虑病人的价值和愿望,将三者完美地结合制定出对病人的治疗措施"。

近年来,基于以下五个方面的研究进展,使得循证医学的普及推广变为可能。①提出了有效查寻和评价科学依据的策略;②建立了系统评审和总结卫生保健效果的种种机构组织,如Cochrane协作网就包括中国在内的13个国家、15个中心;③出版了一些循证医学期刊,发表了大量有效且具有可供临床立即使用价值的研究报告;④逐步完善了可供快速检索的信息网络系统;找到和运用行之有效的方法来提高我们临床技能和不断知识更新。

1996年,中国循证医学中心由四川大学华西医院开始筹建,1997年7月,卫生部正式批准建立,1999年3月,创建亚洲唯一的中国Cochrane中心。

Cochrane协作网是一个国际性组织,旨在通过制作、保存、传播和更新医学各领域的系统评价,为临床治疗实践和医疗卫生决策提供可靠的科学依据。中国是发展中国家,拥有世界人口的1/5,要以有限的资源满足13亿人口人人享有健康保健的巨大需求,正面临着极大挑战。合理高效地使用有限的卫生资源已成为亟待解决的问题之一。参与国际 Cochrane 协作网,将促进循证医学在中国的实现与发展,帮助政府卫生决策者作出科学决策及改善临床实践质量,最终提高医疗服务的质量,保证有限卫生资源的合理使用,对中国和世界都有重要价值和意义。

作为国际 Cochrane 协作网的成员之一和中国与国际协作网的唯一接口,中国循证医学中心的主要任务是:①建立中国循证医学临床试验资料库,为中国和世界各国提供中国的临床研究信息。②开展系统评价、随机对照试验、卫生技术评估及循证医学有关的方法学研究,为临床实践和政府的卫生决策提供可靠依据。③提供循证医学方法与技术培训,传播循证医学学术思想,推动循证医学在中国的发展。

二、循证医学证据的分级

循证医学中的"证",即最佳的临床研究证据,它是指对当前已有的临床研究文献,应用临床流行病学的原则和方法以及有关质量评价的标准,经过认真的评价与分析获得的最真实可靠且有临床重要应用价值的研究成果,或称"当前最佳证据"(Current Best Evidence)。循证医学采用一系列系统、科学的检索策略、评价临床研究结论可靠性的标准(表 6-1-1)来筛选、提炼出含有最佳证据的相关文献。

表 6-1-1 评价临床研究结论可靠性的 5 个标准

可靠性分级	证据来源	评价
Level Ⅰ	按照特定病种的特定疗法收集所有质量可靠的随机对照试验后所作的	可靠性最高,可作为金标准系统评价或 Meta-分析
Level Ⅱ	单个的样本量足够的随机对照试验结果	有较高的可靠性,建议采用
Level Ⅲ	设有对照组但未用随机方法分组的研究	有一定的可靠性,可以采用
Level Ⅳ	无对照的系列病例观察	可靠性较差,可供参考
Level Ⅴ	专家意见,个案报道和临床总结	可靠性最差,仅供参考

从表 6-1-1 中可见,Ⅰ级证据是系统评价或 Meta 分析,被誉为"金标准";其次是设计完善、执行可靠、数据完整、临床与统计学分析方法合理的 RCT。相比之下,目前临床医学文献中比重较大的回溯性病例对照研究(Case-Control Study)类文献仅有一定的参考价值。

三、循证医学资源的主要类型

(一)系统评价(Systematic Review,SR)

又称"系统综述"。系统评价是一种严格的评价文献的方法,它针对某一个具体的临床问题,采用临床流行病学减少偏倚和随机误差的原则和方法,系统、全面地收集全世界所有已发表或未发表的临床研究结果,筛选出符合质量标准的文献,进行定性分析或定量合成,获得较为可靠的结论。

系统评价同一般的文献综述是有区别的。一般的文献综述是就某一专题在一段时期内发表的文献进行分析研究,归纳整理,作出具有作者倾向性结论的综合描述,反映某一专题的研究概况和发展方向。系统评价收集文献的全面程度、对文献质量的要求以及综合资料的定量分析方法均优于一般的综述文章,因此减少了偏倚和错误的程度。

(二)实践指南(Practice Guideline, PG)

是以系统评价为依据,经专家讨论后由各级政府、医药卫生管理部门、专业学会、学术团体或专家组等制定的,帮助临床医生和病人做出恰当处理的指导意见。实践指南具有权威性,带有实践指导意义。如 Preventive－Care Knowledge and Practices Among Persons with Diabetes Mellitus(糖尿病人预防护理知识与实践指南)。

四、循证医学证据的获取

利用现有最好的证据进行循证医学临床实践需了解如何有效地筛选证据来源和获取证据。目前有大量可供医学研究证据查询的资源,包括网上数据库、循证医学中心数据库、杂志、指南等。以下仅列举对临床工作有帮助的循证医学数据库资源 The Cochrane Library(CL)和检索方法。

(一)系统评价

1. The Cochrane Library(CL)

CL 由多个数据库组成,以帮助查找可信赖的医疗卫生保健实证,它不仅包含几百种的医学状况,也包含各种不同的主题,如避免受伤、替代疗法和自然疗法是否会影响健康等。每季更新,目前由 John Wiley 为 Cochrane 协作网出版。网址为:http://mrw.interscience.wiley.com/cochrane

(1)Cochrane Library 收录的数据库:

1)Cochrane Database of Systematic Review:该库收录由 Cochrane 协作网系统评价专业组在统一工作手册指导下完成的系统评价,包括全文(Completed Review)和研究方案(Protocols)。系统评论是针对特定的疾病或卫生保健问题的治疗方法评断其疗效。作者尽可能从许多相关科学研究做出这些定义、评价和综合实证。他们简述关于疗效,并针对特定主题提供经过实证的独特收藏。让其他人可以很容易的检阅这些针对各种治疗方式的原始研究。

2)Database of Abstracts of Reviews of Effects (Other Reviews):该库包括非 Cochrane 协作网成员发表的普通系统评价的摘要,是对 Cochrane 系统评价的补充。DARE 的特色为它是唯一收录经过评选的系统性评论摘要,每篇摘要包括评论的概要及质量评语。

3)Cochrane Central Register of Controlled Trials (Clinical Trials):收录由文献数据库和其他出版来源所出版的临床试验文献,每篇文献包括篇名和来源,部份含摘要。

4)Cochrane Methodology Register (Methods Studies):提供临床试验方法的文献,信息来源包括期刊文献、图书和会议录等;这些文献来源包括 MEDLINE 数据库和人工查找所得。

5)Health Technology Assessment Database (Technology Assessments):提供卫生医疗技术的评估,包括维护健康所需的预防、康复、注射疫苗、药物、仪器、医疗与外科程序等。

该数据库整合全世界已完成和进行中的健康技术评估数据（研究关于医学、社会学、伦理学和卫生医疗的经济性），目的是改善医疗质量和卫生保健的成本效益。

6）NHS Economic Evaluation Database（Economic Evaluations）：卫生保健经济性评估的文献摘要，由于医疗资源有限，所以有关成本和效益的信息对于医疗方案的循证决策显得特别重要，此数据库收录超过 5 000 个医疗质量控管的财务评估摘要。

（2）Cochrane Library 检索：

由于 Cochrane 系统评价的高质量，受到医学界的广泛重视。因此，所有 The Cochrane Library 访客都可以检索及浏览摘要。但获取全文需订购 Cochrane Library。登录网址：http://www.thecochranelibrary.com，即进入 The Cochrane Library 首页。（图 6－1－1）

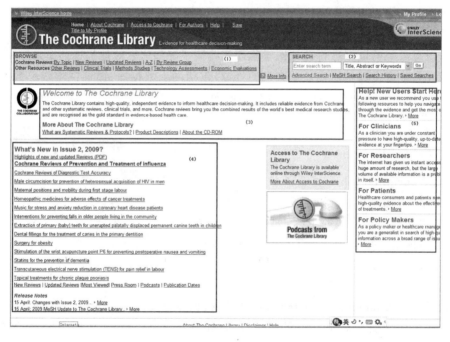

图 6－1－1　Cochrane Library 首页

The Cochrane Library 首页提供浏览、检索、相关信息和产品介绍等多种信息。①浏览：左上方可浏览组成 The Cochrane Library 的各种不同的数据库。②检索：右上方提供快速检索、高级检索、MeSH 检索和储存检索历史和检索小技巧。③The Cochrane Collaboration 的信息：此区查找更多关于 The Cochrane Collaboration 和 The Cochrane Library 的信息。④最新的标题：此区提供选录的最新评论、实验手册和所有新的信息，如增强的检索功能说明。⑤使用信息：此区针对不同的使用族群提供实用的使用讯息。

1）快速检索：只须在检索栏键入检索词即可，可限定在题名、摘要或关键词等字段进行检索。

2）高级检索（图 6－1－2）：根据表单填写，可限制检索字段（全文、题名、作者、摘要、关键词、表格、出版型式、出处和 DOI 等）每一检索空格可提供一般检索指令，包括 wild card（以 * 省略）、布尔逻辑运算（AND、OR、NOT），也可合并同时使用括号内的附注说明，并可用引号执行词组的检索。在下方可选择检索全部数据库或单一数据库和选择检索全部类型的记录。

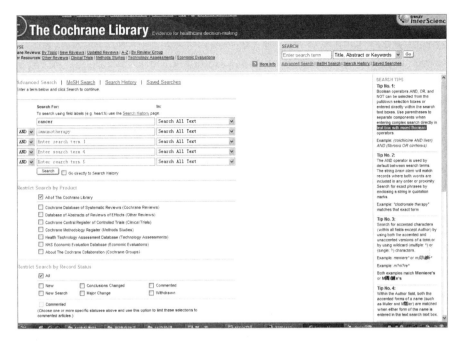

图 6-1-2 高级检索界面

3）MeSH 检索：点选 MeSH Search 即进入主题检索，页面提供主题词轮排、树状结构表和 MeSH 语词的定义，检索同 PubMed 主题检索，不再赘述。

（3）检索结果（图 6-1-3）：如查找有关高血压治疗的系统评价摘要为例，在 Enter MeSH term 输入：hypertension，点击 Thesaurus，点击主题词 hypertension，查询副主题词 therapy，点击 View Results 即可获得有关高血压治疗的系统评价 18 条，点击任一篇即可阅读和下载。

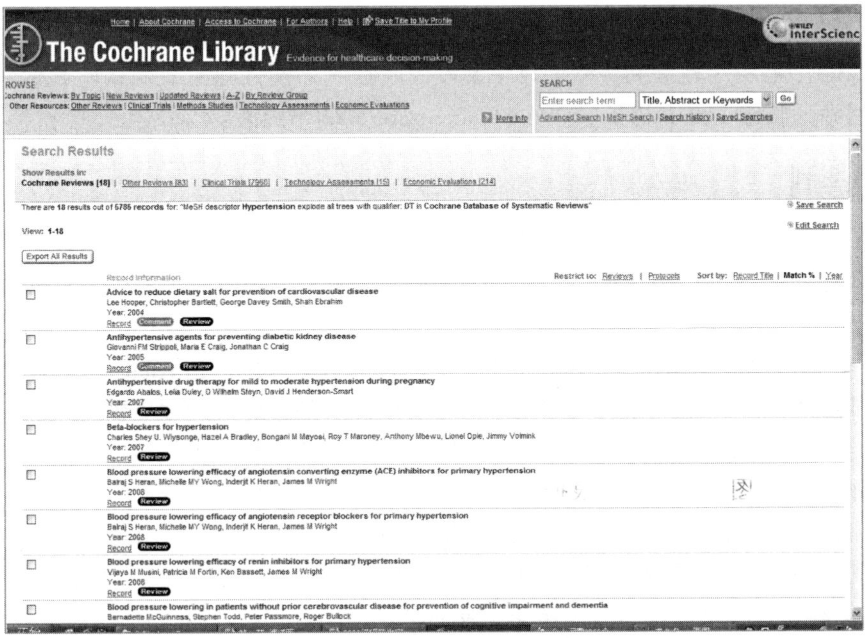

图 6-1-3 检索结果界面

2. PubMed

PubMed 收录较多的循证医学文献,包括 Clinical Trial(临床试验)、Meta Analysis(Meta-分析)、Practice Guideline(实践指南)、Randomized Controlled Trial(随机对照试验)、Review(综述)等。2000 年 PubMed 开始收录 Cochrane 协作网的系统评价。并设查询栏目"Clinical Queries"检索循证医学信息。

(1)"Clinical Queries"查询服务:专供查找循证医学相关证据。设有"Find Systematic Reviews"和"Search by clinical study category"两大选项。

1)Find Systematic Reviews 是由加利福尼亚大学医学系 Shojania KG 和 Bero LA 为查找系统评价、Meta-分析及实践指南文献而设计的优化检索,即在 PubMed 设置的专题子集 Find Systematic reviews 中检索。如查找有关高血压方面的系统评价,在该项下面的检索框中输入 hypertension,点击 GO,即可进行检索。系统转换后的检索式为"("hypertension"[MeSH Terms] OR hypertension[Text Word]) AND systematic[sb]"。

2)Search by clinical study category 则由加拿大 McMaster 大学临床流行病和生物统计学系 Haynes RB 等为临床全科医生设计的查找有关某一疾病的治疗、诊断、病因和预后等临床密切相关问题的循证医学资源的最佳检索工具,用户可以在 Therapy,Diagnosis,Etiology,Prognosis 等类目中任选一个类目,另外还可以选择"broad,sensitive search(提高查全率)",或"narrow,specific search(提高查准率)"。

(2)限定检索:为了方便文献的筛选与鉴别,PubMed 新增加了针对文献类型、统计学方法等方面的文献类型,如 meta-analysis;randomized-controlled-trial;practice guideline;review,tutorial;review,literature 等。检索时可以通过"Limits"中的"Type of Article"对检出的文献类型进行限定,从而检出有关循证医学的系统综述或实践指南等文献;也可在"Limits"中选择 Subsets(子集)下的"Systematic Reviews"专门查询系统评价文献。

3. 中国循证医学/Cochrane 中心数据库(Chinese Evidence-Based Medicine/Cochrane Center Database,CEBM/CCD)(www.chinacochrane.org):CEBM/CCD 是由中国循证医学/Cochrane 中心组织建立和更新的以中文发表的临床干预性随机对照试验和诊断试验数据库,该网站的临床证据专栏提供中文的 Cochrane 系统评价摘要。

(二)期刊

EBM on line,Evidence-Based Medicine(http://ebm.bmJjournals.com):双月刊,由英国医师协会 BMJ 出版集团主办。从大量的国际性医学杂志中筛选提供专科和全科方面的研究证据。

ACP Journal Club(http://www.acpjc.org/):双月刊,ACP Journal Club 网站收录了《美国内科医师学会杂志俱乐部》电子版(1991 至今),旨在通过筛选和提供已出版的研究报道和文献综述的详细文摘,使医疗卫生工作者掌握治疗、预防、诊断、病因、预后和卫生经济学等方面的重要进展。

Bandolier(http://www.jr2.ox.ac.uk/Bandolier/journal.html):由英国 NHS(国家健康卫生服务中心)主办。1994 年创刊,1995 年成为网络版,采用循证医学技术,对原始试验文献的二次综述进行系统综述。为医学专家和患者提供特别是治疗方面信息服务。信息来源于 York 疗效分析公报以及近年来 PubMed,Cochrance 数据库中的系统综述、Meta 分析文献、随机对照试验、高质量的病例对照、队列研究等。进入 Bandolier 主页,点击 Bandolier Journal→html listing of Bandolier,可以看到 1994 年以来的每期索引,同时提供目录索引和主题索引。Bandolier 提供基本检索和高级检索途径。

中国循证医学杂志,月刊,由中国循证医学中心主办。旨在报道循证医学的最新研究成果,反映循证医学学科发展趋势,促进循证决策、循证实践和循证教育。

(三) 临床实践指南

National Guideline Clearinghouse(NGC,http://www.guideline.gov/):NGC 由美国卫生健康研究与质量机构(AHRQ)、美国医学会(AMA)和美国卫生健康计划协会(AAHP)联合制作的循证医学临床实践指南数据库,它提供的 1 700 多个指南,几乎涵盖了临床医学的各学科专业,是一个提供临床实践指南及相关证据且功能完善的综合性数据库,几乎包括已有的著名指南及对比资料,涉及到精确的临床实践和病人保健相关领域。每周更新。

NGC 网站提供四种检索模式:基本检索(Search)、高级检索(Detailed search)、浏览检索(Browse)和定题检索(Frequent Searches)。

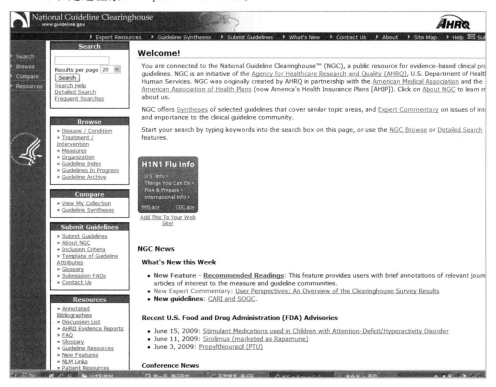

图 6-1-4 NGC 主页

CMA Clinical Practice Guidelines(http://mdm.ca/cpgsnew/cpgs/index.asp):加拿大临床实践指南,由加拿大医学会 CMA 维护,指南包括来自加拿大各地和各机构团体提供的临床实践指南。

(余 鸣)

第二节 药物信息检索

药物信息检索是医学信息检索的一部分,是医学信息中特殊专业信息的检索,包括药学文献、专利、产品等信息检索,最重要的是药学文献的检索,从药学专业角度来看,主要包括药理、毒理、药物流行病学(不良反应)、临床应用等。其检索的方法、原理以及使用的数据库与医学信息检索相似。但因其专业特性,在检索相关文献信息时,还有一些特殊内容的检索和专业数据库。本节主要介绍通过大型网站、重要机构、组织等途径获取网上药物信息。

一、查找药物信息的中文数据库及网站

(一)中国医药信息网(http://www.cpi.gov.cn)

是由国家药品监督管理局主管,国家药品监督管理局信息中心主办,国家药品监督管理局有关部门协办的全国医药综合信息服务网站。该网站面向全国医药行业和药品监督管理系统,提供各类医药技术、经济、市场、管理信息以及多种科技与经济类型数据库的联机检索服务,提供药品监督管理信息和法规、公告服务。该网站的数据库和信息涵盖药品监督管理及药品、医疗器械、药学文献、医药专利、医药进出口、医药包装以及国内国际医药经贸、科研教育、医药企业和产品等各个方面。

中国医药信息网提供的信息服务包括实时信息服务和数据库检索服务两部分。实时信息服务包括药政管理、产品信息、市场信息、企事业动态、海外信息5个栏目,信息每日更新。数据库检索服务可供检索的数据库包括国内药学文献、全国医药企业及产品、中国药品专利文献国内新药、药品包装材料及容器生产企业、国内医药信息、中国医疗器械产品、中国医疗器械生产企业、进口医疗器械注册管理、医疗器械专利、制药机械、中国医疗卫生机构、中国医药商业企业名录、医疗器械标准目录、制药原料及中间体专题信息以及全国药品、药用化工原料、中药材、医疗器械进出口等近20个大型数据库。可免费检索,但只有授权用户方可察看详细内容。本书仅介绍其中部分数据库:

图6-2-1 中国医药信息网

中国药学文献数据库:是《中国药学文摘》电子版,收录1981年以来药学及相关学科700种中文刊物,以文摘、提要、简介和题录4种形式报道,年增加数据20 000余条。本库是国内唯一的中西药学文献大型数据库。该库自1981年创建以来,至今已拥有20万条数据,其中中药文献占一半左右,该库也是世界上拥有中药文献最多的数据库。

中国药品专利文献数据库:收录1985年以来世界各国在中国申请的药品专利文献30 000余件,及1993年以来世界各国申请的药品行政保护200余件。内容涉及化学制药、传统中药、天然药物、生化药品、生物制品及生物技术产品、饲料添加剂、保健品及药品包装等专利文献,数据库每2个月更新一次,全年增加专利文献约3 000余件。

全国药品进口数据库:收录1992年至1996年各年度全国进口药品,包括药品名称、生产厂商、进口数量、进口金额及药品所属类型。

全国医药企业及产品数据库:包含企业基本情况、药品制剂、原料药3个子库,收集近万家制药企业的信息,基本反映了我国制药企业概况。拥有记录80 000多条。

企业基本情况库:收集了10 000余家药品生产企业的名称、地址、邮编、电话、传真、主要产品等内容。

药品制剂库:库中有近7 000个产品约60 000条记录,包括药品名称、生产企业名称、剂型、规格、批文号、功用等项,其中包含了1995年全国工业普查品种的产、销量等内容。

原料药库:收集了约1 300个原料药产品的名称(中英文名)、生产企业名称、批文号、产量、销量、出口量、用途等内容。

全国药品、药用化工原料、中药材、医疗器械进出口数据库:含产品名称、贸易国别、进出口收发货地(国内)、进出口数量和美元额等信息,每年约12万条信息。

国内新药数据库:收集1993年至1999年国家批准的国内申请新药,内容包括新药名称、商品名、类别、剂型、研究生产单位、批准文号等。

国内非处方药(OTC)数据库:收录了国家药品监督管理局批准的国内OTC药300多个品种及它们的适应证、禁忌证、剂型和生产厂家等。

进口药品注册品种库:收录国外进口注册且有效期为2000年至2001年的药品,共有记录1 000余条,内容包括:药品名、剂型、申请注册单位及生产厂家地址、注册证号等。

药品包装材料及容器生产企业数据库,收录获原国家医药管理局药品包装企业生产许可证的2 000家企业名称、地址、邮编、电话、经济性质、法人代表、产品名称、生产许可证号及发证日期。

制药原料及中间体专题信息库:包括1996年至1999年制药原料及中间体的市场、企业、新产品开发、综合分析、重要合成工艺、进出口数据,以及新原料药批准情况,部分国内原料药及中间体厂商名录、会议等信息。

国外制药公司数据库:包括国外近千家主要制药公司的中英文名称、地址、电话、传真、经营体制、成立时间、业务联系人、经营地点及子公司、合资合作状况、研究与开发产品、经营状况。

国内医药信息总览数据库:包括1998年至2000年有关医药政策法规、新药研究开发、医药市场和医药企事业单位动态等信息约30 000条。每半月追加一次数据,每年添加新数据约10 000条。

(二)中国中医药信息网(http://www.cintcm.ac.cn)

该网站由国家中医药管理局主办,中国中医研究院中医药信息研究所承办,是关于中医药信息服务的权威性网络系统,提供多种有关中医药信息资源。主要设置数据库、中医药刊物、信息研究和信息服务等栏目。

(三)药物信息的其他网站

1. 药源网(http://www.yaopinnet.com)

药源网以为代理商提供准确的药品信息服务为办站宗旨,是专业的药品信息服务提供商。药源网拥有生产企业、批准文号、药品说明书、药品标准、药品价格等众多的药品信息数据库,内容涵盖了药品研发、生产和流通的各个环节,数据达100余万条。

2. 中国中药网(www.CNZHONGYAO.NET)

中国最大中药药材类网站,主要提供中药、中药材、中草药、中药药材、中药鉴别、中药减肥、中药方剂、中药资讯、中药种植、中药治病、中药论坛等相关中药药材资讯。

3. 39健康网—药品(http://drug.39.net)

2008年39健康网推出药品数据库,该数据库中第一期上线药品数据近两万条,包括9 000条西药及中成药信息、4 690条保健品信息及5 966条中草药信息。药品库全部完成后总数将超越170 000条,有药品数据、药品说明书和药品报价、查询、评价系统等功能,这个医学数据库能同时满足患者、医药专业人员、普通网民等多方的需求,让每个人都能明明白白用药。值得一提的是,该数据库中的多方药品报价系统是国内免费便民数据库的一大突破。另外,报价系统能与网站药企库、药店库等紧密结合的功能,不少国内知名大型连锁药店已开始参与该数据库的实时在线报价及网上购药功能。

4. 中药网(http://www.zhong-yao.net)

中药网是一个提供以中药资讯为主的网站。主要有中药常识,药材信息,疾病查询,中药功能保健,中药供求信息,中药价格查询,中药动态,中药方剂偏方,中药古籍等中医中药网。中国最大中药中医网主要提供中药、中医、中医药、中药材、中药常识、健康知识、生活知识、疾病防治、中药市场行情、中药行业数据、中药网上贸易、中药博客、中药论坛等相关信息。

5. 中国医药网(http://www.chinese999.com)

中国医药网是中国最大的医药门户行业门户网站之一,是国内领先的医药招商代理及产品供求等商机平台,医药行情及健康资讯媒体,医药人才招聘求职服务中心,拥有药品、保健品、医疗器械、制药设备、医药专利等产品数据库及医药企业和供应商数据库。

6. 中国药物分析网(http://www.yaofen.com)

药学和分析类的综合性学术网站,提供药学理论、分析技术、科研院所等内容。

7. 中国药网(http://www.chinapharm.com.cn)

8. 中医药在线(http://www.cintcm.com)

9. 中华中医药在线(http://www.itcmedu.com)

10. 神鹰医药信息网(http://www.gyax.net)

二、查找药物信息的外文数据库及网站

(一)Rxlist-The Internet Drug Index(药物索引数据库,http://www.rxlist.com)

Rxlist 是免费查询美国处方药物的数据库之一,该数据库可以对 4 000 多种 U.S.处方和 OTC 药物进行检索,包括药品全名、药名、分类等检索方式,附药品的解释说明。这个数据库包括有 5 000 多个产品名,几天更新一次,有 FDA 认可的专业专著,每年回顾一次,被许可的资料每季度更新一次。本网站的一大特点是列出了美国处方药市场每年度前 200 个高频使用药,对其品种的分析,可以给国内医药工业研究人员带来很多启发。对每个产品提供的处方资料包括:通用名和商品名,临床药理学,适应证,禁忌证,剂量和用法,不良反应,药物保存等。其主页界面如下图。

图 6-2-2 Rxlist 主页界面

(二)药物和用药搜索引擎与目录(Drugs and Medications Search Engine and Directory,http://www.drugs-and-medications.com)

药物和用药搜索引擎与目录是查询万维网上有关药物特性、用药方法及药物治疗等信息的检索工具。它综合了目录和搜索引擎两种功能,查询便捷,信息丰富。其目录部分既可按药物的字母顺序浏览,也可直接输入药物名称检索。

(三)PharmaWeb(http://www.pharmweb.net)

PharmWeb 建立于 1994 年,是网上第一个结构化的药学信息源,由药学家和医学交流专家运作维护。PharmWeb 提供内容丰富的服务,主要通过邮件、列表、表单和在线数据库方式检索和发布信息。

(四)药物信息的其他国外网站

World Standard Drug Database 世界标准药物数据库 http://admin.safescript.com/drugcgic.cgi/START

United States Pharmacopoeia（USP）美国药典 http://www.usp.org/
British Pharmacopoeia（BP）英国药典 http://www.pharmacopoeia.co.uk/
The Virtual Health network(VHN) http://via.vhn.net/
BioMedNet（http://www.bmm.com）
DrugBank(http://rerdpoll.pharmacy.ualberta.ca/drugbank/)

三、药物信息的主要机构和组织

国家食品药品监督管理局 http://www.sda.gov.cn
国家中医药管理局 http://www.satcm.gov.cn
美国食品与药物管理局(Food and Drug AdministrationFDA http://www.fda.gov)
美国药剂师学会
（American Pharmacist Association APhA，http://www.aphanet.org）
美国医院药师学会(ASHP：http://www.ashp.org)
美国药学科学家协会（American Association of Pharmaceutic al Scientists AAPS，http://www.aapspharmaceutica.com)
草药研究基金会(Herb Research Foundation HRF，http://www.herbs.org)
药物信息的其他组织：
美国临床药理学和治疗学学会，ASCPT：http://www.ascpt.org
美国大学药学会 AACP：http://www.aacp.org
美国药理学和实验治疗学学会，ASPET：http://www.aspet.org
中国药学会：http://www.cpha.org.cn

（李桂芳）

第三节　学位论文检索

学位论文是伴随着学位制度的实施而产生的,是高等院校或科研单位的毕业生为获取学位资格递交的学术性研究论文,主要指硕士和博士论文。学位论文一般都具有独创性,探讨的课题比较专深,有较高的学术价值,是一种重要的文献信息源。学位论文主要是供审查答辩之用,一般不通过出版社正式出版,通常收藏在各授予单位或指定的学位论文收藏地点,因此查找比较困难,需要通过专门检索工具和特殊搜集渠道才能获得,给学位论文的利用带来极大的不便。近10多年来,世界各国充分利用因特网和其他信息技术发展成果,开发学位论文数据库及检索平台,为学位论文的检索,尤其是学位论文全文的获取提供了便利条件,其中数字化学位论文(Electronic Theses and Dissertations,ETD)全文数据库建设近年来更受到世界各国的重视。对于广大信息用户,特别是正在撰写学位论文的读者来说,如何全面、系统地查找并获取到相关专业领域的学位论文,了解国内外同行的最新研究进展,是很有意义的。下面介绍主要国内外学位论文数据库和收藏机构。

一、国内学位论文信息资源检索

(一)中国学位论文全文数据库(万方数据资源系统)

《中国学位论文文摘数据库》资源由国家法定学位论文收藏机构——中国科技信息研究所提供,并委托万方数据加工建库,收录了自1977年以来我国各学科领域的博士、博士后及硕士研究生论文,其中文摘已达50万余篇。《中国学位论文全文数据库》(如图6-3-1)精选相关单位最近3年的论文全文20万多篇,并年增全文3万篇,形成中国学位论文全文数据库,涵盖自然科学、数理化、天文、地球、生物、医药、卫生、工业技术、航空、环境、社会科学、人文地理等各学科领域,充分展示了中国研究生教育的庞大阵容。非常适合各所大学及科研机构研究使用。截至2004年12月,已有27万篇论文全文,2005年初将达到30万篇。

图6-3-1 万方资源中国学位论文全文数据库主页

(二)中国博士学位论文全文数据库(中国知网)

中国博士学位论文全文数据库(www.cnki.net)如图6-3-2所示,是目前国内相关资源最完备、收录质量最高、连续动态更新的中国博士学位论文全文数据库,收录全国357家博士培养单位的博士学位论文,收录年份自1999年至今,并部分收录1999年以前的论文,至2007年12月31日,累积博士学位论文全文文献7.3万多篇。分为十大专辑:基础科学、工程科技Ⅰ、工程科技Ⅱ、农业科技、医药卫生科技、哲学与人文科学、社会科学Ⅰ、社会科学Ⅱ、信息科技、经济与管理科学。十专辑下分为168个专题和近3 600个子栏目。CNKI中心网站及数据库交换服务中心每日更新,各镜像站点通过互联网或卫星传送数据可实现每日更新,专辑光盘每月更新,专题光盘年度更新。可以免费检索,免费浏览题录、摘要和知网节,下载全文必须通过知网卡、银行卡、神州行卡等方式付费,已订购该数据库的高校和单位,可以直接获得全文。

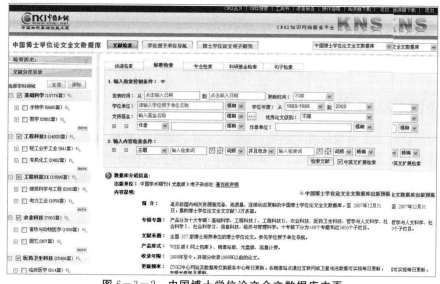

图6-3-2 中国博士学位论文全文数据库主页

(三)中国优秀硕士学位论文全文数据库(中国知网)

中国优秀硕士学位论文全文数据库(www.cnki.net)如图6-3-3所示,是目前国内相关资源最完备、收录质量最高、连续动态更新的中国优秀硕士学位论文全文数据库,收录全国460家硕士培养单位的优秀硕士学位论文,收录年份自1999年至2007年12月31日,累积硕士学位论文全文文献46.7万多篇。分为十大专辑:基础科学、工程科技Ⅰ、工程科技Ⅱ、农业科技、医药卫生科技、哲学与人文科学、社会科学Ⅰ、社会科学Ⅱ、信息科技、经济与管理科学。十专辑下分为168个专题和近3600个子栏目。CNKI中心网站及数据库交换服务中心每日更新,各镜像站点通过互联网或卫星传送数据可实现每日更新,专辑光盘每月更新,专题光盘年度更新。可以免费检索,免费浏览题录、摘要和知网节,下载全文必须通过知网卡、银行卡、神州行卡等方式付费,已订购该数据库的高校和单位,可以直接获得全文。

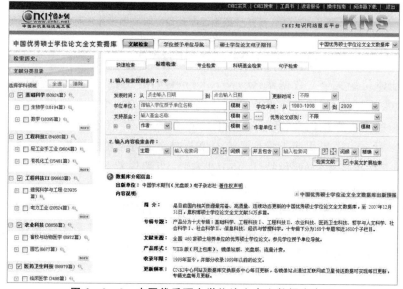

图6-3-3 中国优秀硕士学位论文全文数据库主页

(四)CALIS高校学位论文库(http://162.105.138.230)

CALIS是中国高等教育文献保障系统(China Academic Library&Information system)的简称,是经国务院批准的我国高等教育"211工程"总体规划中两个公共服务体系之一。作为国家经费支持的中国高校图书馆联盟,主要通过信息资源共建、共知、共享,为中国的高等教育服务。高校学位论文数据库是由CALIS全国工程文献中心(清华大学图书馆)牵头组织,协调全国高校合作建设的文摘索引数据库,内容涵盖自然科学、社会科学、医学等各个学科领域。收录1995以来的数据,目前已有97所学校申请加入学位论文库建库工作,上网数据已达9万7千余条。由于经费缘故,该库只收录题录和文摘,没有全文。该库提供简单检索和高级检索两种检索方式,用户可以分别从题名、论文作者、导师、作者专业、作者单位、摘要、分类号、主题和全字段等不同角度进行检索,还可使用逻辑与、或、非等进行组配检索。CALIS学位论文数据库以合作建设、资源共享为目的,建立为高校师生提供学位论文和会议论文的查询、文摘索引的浏览、全文提供(传递)等配套服务。该库中检索到的论文索书号为研究生培养单位的馆藏号,可在各自学校找到论文全文,读者检索到需要的论文后,可自己联系获取,或通过CALIS的馆际互借系统提供。

(五)获取国内学位论文的其他机构和网站

1. 国家科技图书文献中心(NSTL)－中文学位论文数据库

其网址为:http://www.nstl.gov.cn/htm/wxjs/ywjsdg.jsp? db_type=CNPS2。该库主要收录了1984年以来我国高等院校、研究生院及研究院所发布的硕士、博士和博士后的论文,提供题录,部分论文提供文摘。学科范围涉及自然科学各专业领域,并兼顾社会科学和人文科学,每年增加论文6万余篇,每季更新,可通过文献传递获取全文。

2. 国家图书馆(http://www.nlc.gov.cn)

国家图书馆是教育部指定的全国博士论文、博士后研究报告收藏机构,作为全国学位论文收藏中心,藏有从1981年实施学位制度至今的国内博士学位论文,收藏率达98%;近年来还收藏国内硕士/博士后论文,海外华裔留学生在国外撰写的论文,美国、加拿大、德国等国外博士论文(1986年至1995年).为读者提供指导、检索、提书、复制一条龙服务,同时为了方便读者,该中心还提供电话委托、互联网委托和异地委托等服务项目,以最为快捷、准确的方式满足读者的需求。

3. 中国科学技术信息研究所

是国家法定的学位论文收藏机构,各高等院校研究生院及研究所均向该机构送交自然科学领域的硕士、博士和博士后的论文。这些数据建成了文摘数据库可供检索,该数据库可以通过国家科技图书文献中心(http://www.nstl.gov.Cn)的原文检索与订购系统查询到,包含有37万余条记录数据。可按标题、作者、文摘、主题词、分类号、全文检索、年代范围等各种途径查找所需论文资料,该网站文献均提供免费检索服务,提供原文收取成本费,而且速度很快。

4. 中国科学院文献中心

报道和揭示中国科学院培养毕业学生的硕士、博士论文和博士后学位论文的内容,收录从1981年至今的中国科学院系统的学位论文,系统注册认证用户在获取文摘的同时可以免费浏览论文原文的前16页。网址为:http://www.las.ac.cn/index_others.jsp? subjectselect=ETD

5. 中国社会科学院文献信息中心

收藏社科院的博硕士学位论文,只能到该馆查阅。网址为:http://www.cendi.cass.org.cn/index.jsp。

6. 各高校图书馆自建的学位论文数据库

目前我国收集学位论文电子版全文并提供网上浏览的高校有北京大学、上海交通大学、中国农业大学、四川大学(医学学位论文)、北京师范大学、武汉理工大学(前24页)、西安交通大学、西北工业大学、电子科技大学等。除已建立的全文数据库外,国内许多高校和研究院所也已收集学位论文电子全文,或建立学位论文文摘检索系统,具备了全文数据库的开发基础,例如吉林大学、哈尔滨工业大学、山东大学等建立了论文的网上递交及文摘检索系统;清华大学、浙江大学、天津大学、武汉大学等建立了学位论文的网上递交系统。

(1) 北京大学图书馆学位论文数据库:(http://www.lib.pku.edu.cn/xwlw.Htlm),收藏自1981年以来各届毕业生中获得硕士、博士学位的论文和优秀学士学位论文。可按题名、作者、导师、关键词途径限定检索,也可点击"学科浏览"分类查看你所感兴趣的论文。

(2) 上海交通大学学位论文数据库(http://theisis.sjtu.edu.cn)。

(3) 清华大学学位论文服务系统:包括清华大学1980年以来的所有公开的学位论文文摘索引。其网址为:http://thesis.lib.tsinghua.edu.cn:8001/xwlw/index.jsp。

(4) 学位论文联合检索:(http://www.lib.tsinghua.edu.cn/find/find_disser.html)由清华大学图书馆提供:提供了本馆及国内外重要的学位论文查询站点的链接,如北大、国家图书馆、中科信所、台湾部分高校和香港大学的学位论文检索站点。

二、国外学位论文信息资源检索

(一) PQDT 学位论文文摘数据库

1. 概述

PQDD 是美国 ProQuest 公司(原名 UMI 公司)出版的博硕士论文网络数据库,2006年检索平台升级后 PQDD 更名为 PQDT(ProQuest Dissertations & Theses),升级后的 PQDT 具备 ProQuest 检索平台提供的众多功能。该库收录欧美1 000余所大学文、理、工、农、医等领域从1963年起的320万篇博士、硕士论文摘要或题录,北美地区每年通过的学位论文90%以上收入该库,是目前世界上最大和最广泛使用的学位论文文摘索引数据库,数据每周更新。其中170万篇有纸质或缩微格式的全文,年新增4.7万篇博士学位论文和1.2万篇硕士学位论文,其中博士论文摘要350字左右,硕士论文摘要为150字左右。1997年后的学位论文可免费下载电子版的前24页内容。

2. 检索途径

该数据库提供基本检索、高级检索和浏览等检索途径,可采用运用布尔逻辑、截词符、位置算符、嵌套检索、二次检索等检索技术。

(1) 基本检索(Basic):系统直接进入基本检索界面,如图6—3—4所示。

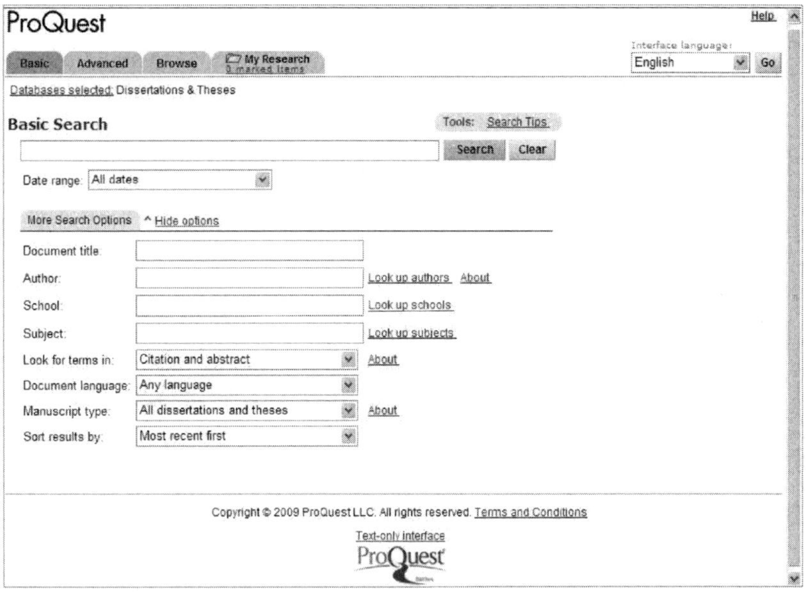

图 6-3-4　PQDT 基本检索界面

(2)高级检索(Advanced):在基本检索的界面上点击"Advanced"按钮,进入高级检索界面,如图 6-3-5 所示。选择字段,输入检索词,选定逻辑算符,确定年代范围后,点击"Search"按钮,开始检索。

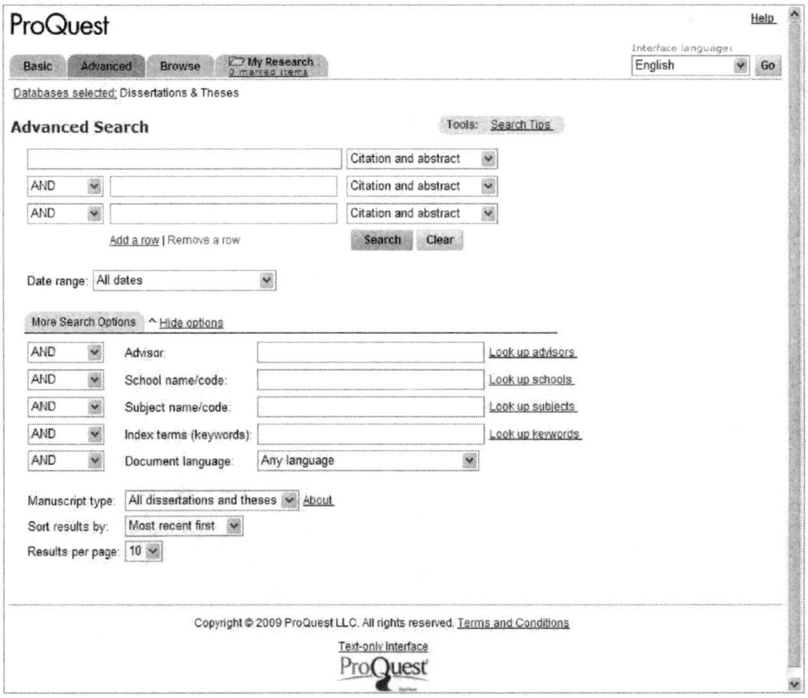

图 6-3-5　PQDT 高级检索界面

(3)浏览功能(Browse)可按主题、地域两种方式进行浏览。

1)按主题:在检索界面上点击"browse"按钮;在"界面下方点击"(By Subject By Location)按钮,在链接显示的页面上按学科浏览。

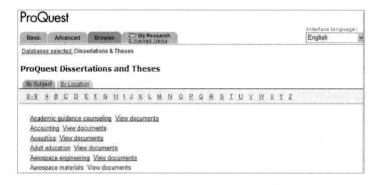

图 6-3-6 PQDT 主题浏览界面

2)按地域:在检索界面上点击"Browse"按钮;然后 在"界面下方点击(By Location)按钮,即可按地址逐级浏览。

(二)数据库

1.概述

ProQuest 公司是世界上最早及最大的博硕士论文收藏和供应商,该公司的学位论文数据库 PQDD 收集有 170 万篇国外高校博硕士论文的文摘索引。国内已建成的 ProQuest 学位论文全文的网站有:CALIS 镜像站、北大、上海交通大学镜像站和中国科学技术信息研究所镜像站。该库目前主要收录 2001 年授与学位的博士论文,已有 4 万多篇论文,以后每年新增的论文也将超过 1 万篇。该库检索为中文界面。

2.检索途径

该库提供基本检索、高级检索和分类浏览。

(1)基本检索:进入主页,则直接进入了基本检索页面,如图 6-3-7 所示,使用检索框中的下拉菜单选择需要检索的字段,共提供了三个检索输入框,输入框之间可以进行"与、或、非"的组配,字段选择包括摘要、作者、题目、指导老师、学科、学校、论文编号(与 PQDD 网络文摘号一致)、学位、语种、ISBN、论文卷期次。在检索词框中输入检索词,在时间限定框中限定年份,点击"查询"即可进行检索。

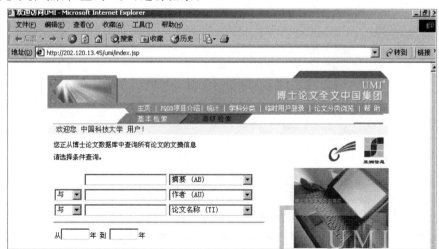

图 6-3-7 PQDT 基本检索界面

(2)高级检索:在主界面上点击高级检索,系统进入如图6-3-8高级检索界面,该界面提供了直接输入检索式的主检索(文本)框和各字段检索附加输入框、逻辑运算和论文提交时间选择。用户可在主检索框中直接输入检索式,也可以通过各检索字段输入框中输入检索词,点击"增加"按钮将检索词添加到主检索框中,进行组合检索。点击"检索历史"可以查看以往检索情况。

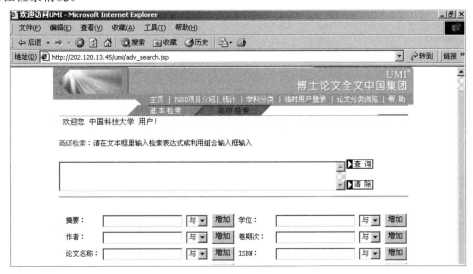

图6-3-8 PQDT高级检索界面

(3)分类浏览:提供了学科分类和论文分类浏览两种方式。

1)在主页导航栏中选择"学科分类",进入学科分类页面,页面列出了三级类目,每一个三级类目后面给出了当前该类的论文数量,点击对应的论文数量,即给出相应三级类目的所有查询结果。

2)在主页导航栏中选择"论文分类浏览",在页面左边出现学科分类的导航树,点击选中的三级类目,在页面右边出现相应三级类目的所有查询结果。

通过上面的检索或浏览方式进入查询结果页面显示的是题录,包括题目、作者、学校名、年代、出版物号码等简单信息,点击题录下面的" ",进入文摘页面,在文摘页面中选择"点击此处下载PDF文件"即可下载该学位论文的PDF格式的全文。

(三)NDLTD学位论文数据库

美国的网络学位论文数字图书馆NDLTD(Networked Digital Library of Theses and Dissertations,http:..www.ndltd.org.)是由美国国家自然科学基金支持的一个网上学位论文共建共享项目,为用户提供免费的学位论文文摘,还有部分可获取的免费学位论文全文(根据作者的要求,NDLTD文摘数据库链接到的部分全文分为无限制下载、有限制下载和不能下载几种方式),以便加速研究生研究成果的利用。目前ETD项目开发和应用以美国、加拿大、欧洲、澳大利亚等国家和地区较为成功,多个项目已投入实际使用,这是一个基于OAI(Open Archives Ini-tiativ)的国际性博硕士学位论文共享检索平台,1991年由美国弗吉尼亚科技大学发起,目前有来自美洲、欧洲、亚洲、非洲的215个成员单位,其中187个为大学,上海交通大学是目前中国大陆地区唯一参加该项目的高校。该平台提取存储在各

EDT 数据库的学位论文元数据,用户可免费检索题录元数据及 PDF 格式的文摘。平台同时提供 NDLTD 成员单位的联系方式及 ETD 数据库服务的链接,以便于用户索取全文,其中部分成员单位的 ETD 数据库可免费下载全文。NDLTD 镜像站网址为:http://ndltd.calis.edu.cn NDLTD(http://oai.dlib.vt.edu/~etdunion/cgi-bin/OCLCUnion/UI/index.pl)(主网站网址,为免费站点,国际网,需自行支付国际流量费)。

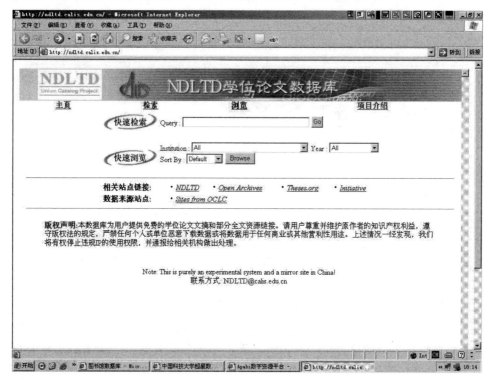

图 6-3-9 NDLTD 学位论文数据库

目前全球有 170 多家图书馆、7 个图书馆联盟、20 多个专业研究所加入了 NDLTD,其中 20 多所成员已提供学位论文文摘数据库 70 000 万条,可以链接到的论文全文大约有 30 000 篇。明年初,加拿大将作为一个整体加入 NDLTD,会为 NDLTD 带来 4 万篇可获取的免费学位论文全文。下面给出是提供数据的学校列表:

序号	学校名称	国家	数据量	是否可以链接到全文
1.	Virginia Tech	美国	7082	N
2.	Louisiana State University	美国	646	Y
3.	California Institute of Technology	美国	590	Y
4.	Hong Kong University	香港	9566	Y
5.	Wirtschaftsuniversitat Wien	澳大利亚	18	Y
6.	University of South Florida	美国	82	Y
7.	Massachusetts Institute of Technology	美国	8149	N
8.	Waterloo University Canada	加拿大	154	Y

序号	学校名称	国家	数据量	是否可以链接到全文
9.	North Carolina State University	美国	553	Y
10.	Uppsala University	瑞典	7	N
11.	Humboldt-University zu Berlin	德国	1001	Y
12.	National Sun Yat-sen University Taiwan	台湾	2955	Y
13.	University of Pittsburgh	美国	123	N
14.	University of British Columbia Canada	加拿大	3	Y
15.	Technische University Dresden	德国	1	Y
16.	University of Munich, Germany	德国	645	Y
17.	Gerhard-Mercator-University Duisburg	德国	461	Y
18.	Universidad de las Americas-Puebla	巴西	0	
19.	Forskningcenter Risoe	丹麦	9	Y
20.	University of Nebraska-Lincoln	美国	6	N
21.	West Virginia University	美国	0	
22.	University of Cincinnati	美国	145	Y
23.	Aarhus Universitet Danmark	丹麦	4	Y
24.	University of Virginia	美国	15	N
25.	Other		2277	

与 ProQuest 学位论文数据库相比，NDLTD 学位论文库的主要特点就是学校共建共享、可以免费获取。另外由于 NDLTD 的成员馆来自全球各地，所以覆盖的范围比较广，有德国、丹麦等欧洲国家和香港、台湾等地的学位论文。但是由于文摘和可获取全文都比较少，因此，其适合作为国外学位论文的补充资源利用。

(四)获取国外学位论文的其他机构和网站

FirstSearch－WorldCatDissertations：收录 OCLC WorldCat 中所有的博、硕士论文和已出版的以 OCLC 成员编目的论文为基础的资料，涉及所有学科，主要来自欧美几千所大学，共有博、硕士论文 800 多万条。从高级检索的"互联网资源"中，可获近 20% 约 100 多万篇全文，需自付国际流量费。

加拿大学位论文门户：(Theses Canada Portal，http：..www.collectionscanada.ca.thesescanada.)提供加拿大学位论文的保存和检索服务。1998 年以后的学位论文可免费下载全文。

澳大利亚数字论文项目(Australian Digital Theses Program，ADT，http:adt.caul.edu.au.)：该项目在 1998 年至 1999 年由澳大利亚 7 所高校发起，旨在建立分布式的论文数据库，目前已有 26 所高校的博士及硕士学位论文可通过 ADT 项目或在各学校的电子数据库中检索，部分学位论文可免费提供全文。

MIT 学位论文(http://theses.mit.edu/index.html)：美国麻省理工部分博硕学位论

文,可在线逐页或定位浏览全文。

Electronic Thesis/Dissertation OAI Union Catalog:是利用 Open Archives Initiative－OAI 的学位论文联合目录,目前包含全球十几家成员,多数论文提供 PDF 格式全文。

DIVA Portal:可查到北欧部分大学的学位论文,部分有全文。

Digital Scientific Publications from Swedish Universities:可查到瑞典学位论文以及其他科技出版物,有全文。

ETH 学位论文库:收录 1999 年以来的一些瑞士学位论文,有全文。

(李桂芳)

第四节　其他特种文献检索

一、医学会议信息检索

医学会议信息是人们了解医学领域最新发展状况的一个重要情报源,它具有内容新颖、学术性强、报道迅速等特点。据不完全统计,每年在世界范围内召开的生物医学及其相关领域的各种学术会议有数千个,参加学术会议已成为专业人员信息交流的一种重要方式。医学会议信息包括医学会议消息和医学会议论文。? 医学会议消息预告学术会议召开的时间地点等,是撰写会议论文和参加学术会议的指南。医学会议论文具有创见性和新颖性的优点,很多新的研究发现和新观点往往是在学术会议上首次公诸于世的。会议消息主要通过网络搜索获得,会议论文主要通过数据库检索获得。

(一)医学会议消息预告检索

1.通过网络检索工具查询

通过 Google,Yahoo,Sohu,百度等搜索引擎,在检索框内输入会议的关键词即可。

2.通过国内外相关网站查询

(1)爱医网:http://www.aiyixue.com

(2)中华首席医学网:http://www.shouxi.net

(3)中国学术会议在线:http://www.meeting.edu.cn

(4)中国医学会议网:http://www.ok120.com

(5)中华医学图书网:http://www.cnmedbook.com

(6)检验医学网:http://www.labmed.cn

(7)医学空间:http://www.medcyber.com

(8)37 度医学网:http://www.37c.com.cn

(9)Medicalconferences.com:http://www.medicalconferencer.com

(10)The Congress Resource Centre:
http://www.docguide.com/crc.nsf/web-bySpec

(11)Health On the Net Foundation:http://www.hon.ch

(12)美国会展网:http://www.ustradeshow.biz

(二) 医学会议论文数据库检索

ISTP（科技会议录索引）：Index to Scientific & Technical Proceedings，有印刷版和光盘版，提供会议论文摘要。

ISI Proceedings：ISI Proceedings 是 Web of Knowledge 的一个子数据库，收录 1990 年至今的 2 700 多万条会议论文摘要。

万方数据资源系统的会议论文全文数据库：来源于国家一级学会 1998 年至 2002 年在国内组织召开的全国性学术会议。检索途径有会议论文检索、会议名录检索、会议分类浏览。

国家科技图书文献中心会议论文检索（http://www.nstl.gov.cn）：检索途径有作者、标题、文摘、关键词、分类号、全文检索。成为该网站的注册用户后可申请获取会议原文（付费）。

OCLC FirstSearch 中的会议论文数据库：包括 PapersFirst 和 Proceedings。

收录有会议文献的其他数据库：如 CA 和 BIOSIS Previews 等。

二、专利文献检索

(一) 专利（patent）与专利文献：

专利是指在一定时期内，为防止他人对某人明确提出的新发明的侵犯，政府机关用法律保护某人的发明独占权的一种制度。这种受法律保护的发明就称专利。专利一词有三层含义：专利权→法律；受专利法保护的发明创造→专利技术；专利说明书等专利文献→文献。这三层含义的核心是受专利法保护的发明，而专利权和专利文献是专利的具体体现。

何种发明创造能够获得专利法保护，各国专利法的规定不尽相同。绝大多数国家的专利法只保护发明和外观设计，少数国家的专利法还保护实用新型。其中发明专利是专利法保护的主要对象。根据我国现行专利法，发明创造包括发明专利、实用新型专利和外观设计专利三种。不是所有的发明都可以取得专利权，各国对授予专利权的领域都有限制。不授予专利权的发明：①科学发现；②智力活动的规则与方法；③某些物质发明；④动、植物新品种；⑤疾病的诊断和治疗方法等。

专利文献是包含已经申请或被确认为发现、发明、实用新型和工业品外观设计的研究、设计、开发和试验成果的有关资料，以及保护发明人、专利所有人及工业品外观设计和实用新型注册证书持有人权利的有关资料的已出版或未出版的文件（或其摘要）的总称。专利文献按一般的理解主要是指各国专利局的正式出版物，包括专利说明书和专利公报。专利文献是依据《国际专利分类法》（International Patent Classification，IPC）进行分类，IPC 每 5 年修订一次。

(二) 专利文献检索

1. 中国专利文献检索系统及数据库

(1) 中华人民共和国国家知识产权局（http://www.sipo.gov.cn）

(2) 中国知识产权网（http://www.cnipr.com）

(3)中国专利信息网（http://www.patent.com.cn）

(4)易信网（http://www.exin.net/patent）

(5)中国发明专利技术信息网（http://www.hkik.com/login.asp）

(6)中国专利信息中心（http://www.cnpat.com.cn）

(7)万方数据资源系统中的中国专利文摘。

(8)中国台湾专利数据库（http://www.apipa.org.tw）

(9)NSTL 专利数据库（http://www.nstl.gov.cn/htm/index.jsp）

2.国外专利检索数据库

(1)美国专利和商标局数据库（http://www.uspto.gov/patft/index.html）

(2)欧洲专利局 esp@cenet 网络数据库（http://ep.espacenet.com）

(3)日本特许厅网站专利数据库（http://www.ipdl.inpit.go.jp/homepg_e.ipdl）

(4)德温特专利索引数据库（Derwent Innovation Index，DII）http://isiknowledge.com/.

(5)DELPHION 知识产权信息网数据库 http://www.delphion.com/

(6)加拿大知识产权局网站数据库 http://opic.gc.ca/

(7)世界知识产权组织网站数据库 http://www.wipo.int/

(8)IBM 知识产权信息网（由美国 IBM 公司提供）

(9)化学文摘（CA）中的专利检索

三、电子图书

电子图书（Electronic Book，E-Book）是指将信息以数字形式加工，通过计算机网络进行传播，并借助于计算机或类似设备来阅读的图书。电子图书是随着互联网的出现而产生的一种新型出版形式。电子图书由三要素构成：①电子图书的内容，它主要以特殊的格式制作而成，可在有线或无线网上传播；②电子图书阅读器，它包括个人计算机、个人手持数字设备（PDA）、专门的电子设备；③电子图书的阅读软件。

相对于传统意义上的书籍，电子图书有以下特点：传播便利、传播面广、迅速、更新速度快，不受地域和时间的限制；出版成本低，市场风险小；销售价格低廉；占用空间小，信息量丰富；节约印刷耗材，不存在库存短缺或者绝版的问题等等。电子图书形式多样，常见的格式有 CHM、HLP、CEB、CAJ、PDG 和 PDF 等。CHM 格式是微软 1998 年推出的基于 HTML 文件特性的帮助文件系统，使用这种格式的操作系统必须是 Windows 98 或 NT 及以上版本。HLP 文件格式是早期的操作系统所使用的帮助文件系统，这种格式对读者的操作系统没有太多要求。CEB（Chinese eBook）是完全高保真的中文电子书的格式，由北大方正电子有限公司开发的全新的电子图书阅读工具——方正 ApabiReader 使用的格式。CAJ（Chinese academic journal）由清华大学光盘国家工程研究中心学术电子出版物编辑部和北京清华信息系统工程公司编辑制作。PDG 是北京世纪超星公司拥有的自主知识产权的图文资料数字化技术（PDG）、专用阅读软件——超星图书阅览器（SSReader）。PDF 文件格式是美国 Adobe 公司开发的电子读物文件格式，这种文件格式的电子读物需要该公司的 PDF 文件阅读器 Adobe Acrobat Reader 来阅读。

(一)超星数字图书馆

超星数字图书馆(http://www.ssreader.com)成立于1993年,是国内专业的数字图书资源提供商。超星数字图书馆在2000年被列入国家"863"计划的中国数字图书馆示范工程,以其数字图书馆的方式对数字图书馆技术进行推广和示范。超星电子图书数据按照"中图法"分为文学、历史、法律、军事、经济、科学、医药、工程、建筑、交通、计算机、环保等22大类,目前拥有数字图书100万种,是国内数字图书资源最丰富的数字图书馆。2000年1月,由北京世纪超星信息技术发展有限责任公司投资兴建,超星数字图书馆在互联网上正式开通,设有文学、历史、法律、军事、经济、科学、医药、工程、建筑、交通、计算机和环保等几十个分馆,目前拥有数字图书十多万种。

超星数字图书馆设有图书分类导航、快速检索和高级检索三种检索途径。

分类导航:在主页面左侧按中图法将图书分为22大类,逐级点击分类进入下级子分类,同时页面右册显示该分类下图书详细信息。

快速检索:在检索输入框中输入书名、人名或主题词,选择图书分类,点击"检索"即可。快速检索该系统默认的检索方式。

高级检索:点击页面右上方的"高级检索"进入检索界面。选择检索项,输入检索词,选择逻辑算符,点击"检索"。高级检索还可以进行年代、范围的限定检索。

图书的阅读和下载:直接点击书名即可打开全文,首次使用该系统需下载并安装超星阅览器。阅读时在图书阅读页面上点击鼠标右键选择"下载"菜单,选择存放路径,点击"选项",选择下载的页数(整本书或页码段)。未注册的用户下载的图书只能在本机阅读,如换机阅读需先注册才能使用。注册的用户可以在本机或拷贝到其他机器上均可阅读。

(二)书生之家数字图书馆

书生之家数字图书馆(http://www.shusheng.cn)是北京书生公司开发制作的建立在中国信息资源平台基础之上的综合性数字图书馆。书生之家收录1999年以后出版的以图书为主的包括社会科学、人文科学、自然科学和工程技术等所有类别的图书,现有近30万种电子图书,并以每年6~7万种的数量递增。书生之家数字图书馆电子图书设有四级目录导航,并提供强大全文检索功能。

书生之家数字图书馆有分类检索、初级检索、高级检索和全文检索四种检索途径。

分类检索:登录后,点击首页左侧相应类目即可打开该类目下全部图书,在当前类目下还可按书名、著者等字段进行图书检索。此分类有两种:一种是图书分类另一种是书生分类。

初级检索:选择字段,在输入框中输入所选字段的内容,点击"检索"。

高级检索:在主页面上点击"高级检索"即可进入,高级检索在简单检索界面7个检索字段的基础上,采用逻辑组配的方法(逻辑或、逻辑与),提供更为精确的组合检索。

全文检索:点击主页上方的"全文检索",此检索提供书名、作者、出版社、主题、提要、ISBN和丛书等7个检索字段。

点击书名显示该图书的摘要信息,点击"全文"则显示全文。首次使用需下载并安装书生阅读器。

(陈　辉)

第七章 重要医学网站

第一节 美国国立卫生研究院

美国国立卫生研究院（National Institutes of Health，NIH；网址为 http://www.nih.gov.）隶属美国卫生与人类服务部（Department of Health and Human Services，DHHS），创建于1887年，是国际著名的生物医学科研机构，在科研成果开发、生物医学信息数据库方面都居于世界前列。它对专业人员提供许多综合性与专科性科研与临床信息资源，也对公众提供许多卫生与病人教育资料。NIH 网上信息资源极为丰富，其主页设有：卫生信息、基金资助、新闻与事件、科学资源、NIH 下属机构链接、NIH 介绍等（图7-1-1）。

图7-1-1 美国国立卫生研究院主页

从主页的 Institutes and Offices 栏目下可链接到包括国立医学图书馆、国立癌症研究所、国立人类基因组研究所等27个研究所、中心和办公室的网站。

一、Health Information(卫生信息)

提供 A～Z Health Topics(A～Z 卫生专题)、Clinical Trails(临床试验数据库)、MedlinePlus 和 Related Links(相关链接)。

A～Z Health Topics(卫生专题 A～Z):按照字顺排列中集了大量的医学卫生专题和相关医疗信息。检索途径有:①按字母顺序;②输词检索(Search Health Topic)。

Browse categories(分类浏览):通过 Body Location/Systems(身体部位和系统)、health and Wellness(卫生和健康)和 Conditions/Diseases(状态和疾病)获取相关信息。例如检索"贫血"方面的文章,检索路径为:http://www.nih.gov→Health Information→Body Location/Systems 下的 Blood/Lymphatic System→Anemia 就能得到有关"贫血"的相关信息。

Related Links(相关链接):主要提供卫生时事、健康热线、数据库、和联邦卫生机构等相关信息和链接。

在 Health Databases 中包含有著名的 Clinical Trials 和 PubMed 等。

Clinical Trials Databases(临床试验数据库):它反映全美由 NIH 资助正在进行的临床研究项目与成果,是 NIH 很有特色的信息资源。它汇集下属各研究所正在进行或已经完成的临床试验研究项目。

临床试验是通过对自愿接受试验病人的临床研究,观测药物、诊断方法,疫苗和其他治疗方法对某一种疾病或症状是否安全和有效。Clinical Trials 向病人、病人家属、公众和医务人员提供在美国国内 50 个州和其他 90 个国家中进行的临床试验信息。每条信息的内容包括:试验名称、试验主持单位、试验目的、试验内容、参加试验病人的条件、试验地点、试验是否继续招收病人、参加试验的联系信息等。

临床试验数据库的检索途径有三种。

(1)Basic Search:在 Search Clinical Trails 检索框内直接输入检索词或短语。检索词之间用空格表示词组关系,即检索词在记录中紧相邻。检索词之间用逗号,表示为 and(逻辑与)关系。例如,检索 NCI 有关儿童贫血治疗方面的临床试验,在检索框内输入"anemia,treatment,children,nci",然后点击 Search 按钮,可检索到相关研究 113 条(2009 年 6 月 19 日检索)。结果显示页的右上方,通过 Refine Search 按钮,可对检索结果进行"二次检索",通过 Search Details 按钮,可了解自动匹配的详细检索策略,通过 Results on Map 可查看进行临床试验的地理分布图。

(2)Advanced Search:根据表单填写相关内容检索。

(3)Studies by Topic:分 6 个主题浏览(Conditions、Rare disease、Drug Interventions、Dietary Supplements、Sponsor 和 locations),点击其中感兴趣的试验内容,即可得到有关临床试验的详细信息。

直接进入临床试验数据库的网址是 http://clinicaltrials.gov。

二、Grants and Funding Opportunities(资金和基金项目)

NIH 向美国也向国外学术机构提供科研基金资助,NIH 每年约审批 4 万个科研和研究培训项目申请。

本栏目提供的信息有 NIH 资助的研究项目、资助政策说明、经费资助申请、科研合同签订指导、院内院外科研培训机会和专家审批程序等。

三、News & Events(新闻与事件)

NIH通过本栏目向用户报道最新重要基础理论科研成果、临床研究进展、有普遍意义的卫生保健知识、科研政策性新闻与学术会议消息等。

四、科研资源(Scientific Resources)

本栏目提供NIH院内新闻、研究与进修信息、科研与管理等方面的政策规定、热点科研专题资源、特别兴趣小组、实验动物信息、NIH及下属单位图书馆目录查询、NIH共享数据库、NIH实验室工作有关信息、计算机生物学等信息。例如,从Research and Training Opportunities at NIH部分可以了解到:NIH每年提供3 000多个博士后职位,在NIH院内1 200个实验室进行现代生物医学前沿学科的研究训练。这些研究训练接纳美国国内学者,也招收美国以外学者。从中可以读到申请者资格、申请步骤、经费资助额度、其他福利待遇等信息。

五、Institutes,Centers & Offices (研究所,中心和办公室)

提供NIH下属27个研究所、中心和办公室介绍及网站链接。这些机构如下:

国立癌症研究所(National Cancer Institute,NCI),创建于1937年。

国立眼科研究所(National Eye Institute,NEI),建于1968年。

国立心肺血液研究所(National Heart, Lung, and Blood Institute,NHLBI),建于1948年。

国立人类基因组研究所(National Human Genome Research Institute,NHGRI),建于1989年。

国立衰老研究所(National Institute on Aging,NIA),建于1974年。

国立酗酒和酒精中毒研究所(National Institute on Alcohol Abuse and Alcoholism,NIAAA),建于1970年。

国立变态反应和传染病研究所(National Institute of Allergy and Infectious Diseases,NIAID),建于1948年。

国立关节炎与肌肉骨骼与皮肤病研究所(National Institute of Arthritis and Musculoskeletal and Skin Diseases ,NIAMS),建于1986年。

国立生物医学影像和生物工程研究所(National Institute of Biomedical Imaging and Bioengineering ,NIBIB),建于2000年。

国立儿童卫生与人类发育研究所(National Institute of Child Health and Human Development,NICHD),建于1962年。

国立聋症和其他交流障碍研究所(National Institute on Deafness and Other Communication Disorders,NIDCD),建于1988年。

国立牙科与颌面研究院(National Institute of Dental and Craniofacial Research,NIDCR),建于1948年。

国立糖尿病、消化与肾病研究所(National Institute of Diabetes and Digestive and Kidney Diseases,NIDDK),建于 1948 年。

国立药物滥用研究所(National Institute on Drug Abuse,NIDA),建于 1973 年。

国立环境卫生科学研究所(National Institute of Environmental Health Sciences,NIEHS),建于 1969 年。

国立综合医学科学研究所(National Institute of General Medical Sciences,NIGMS),建于 1962 年。

国立精神卫生研究所(National Institute of Mental Health,NIMH),建于 1949 年。

国立神经病与中风研究所(National Institute of Neurological Disorders and Stroke,NINDS),建于 1950 年。

国立护理学研究所(National Institute of Nursing Research,NINR),建于 1986 年。

国立医学图书馆(National Library of Medicine,NLM),建于 1956 年。

信息技术中心(Center for Information Technology,CIT formerly DCRT,OIRM,TCB),建于 1964 年。

科学基金评议中心(Center for Scientific Review,CSR),建于 1946 年。

John E. Fogarty 国际交流中心(John E. Fogarty International Center,FIC),建于 1968 年。

国立补偿与替代医学中心(National Center for Complementary and Alternative Medicine,NCCAM),建于 1999 年。

国立少数民族卫生和卫生差异中心(National Center on Minority Health and Health Disparities,NCMHD),建于 1993 年。

国立研究资源中心(National Center for Research Resources,NCRR),建于 1962 年。

临床中心(NIH Clinical Center,CC),建于 1953 年。

查询 NIH 网上资源,可通过屏幕右上角的 Search 进行快速检索和高级检索。

第二节　美国国立医学图书馆

美国国立医学图书馆(National Library of Medicine,NLM,网址 http://www.nlm.nih.gov/)隶属美国国立卫生研究院,是世界上最大的生物医学图书馆。NLM 馆藏文献 700 多万件,网上信息资源丰富,包括 PubMed 在内的几十种免费数据库和大量的生物医学信息。其主页主要有 Health lnformation(卫生信息)、Library Catalog & Services(图书馆目录与服务)、History of Medicine(医学史)、Human Genome Resources(人类基因组资源)、Biomedical Research & Informatics(生物医学研究和生物医学信息学)、Environmental Health & Toxicology(环境卫生与毒理学)、Health Services Research & Public Health(卫生服务研究和公共卫生)等,(图 7-2-1)。以下介绍其中主要的数据库和信息资源。

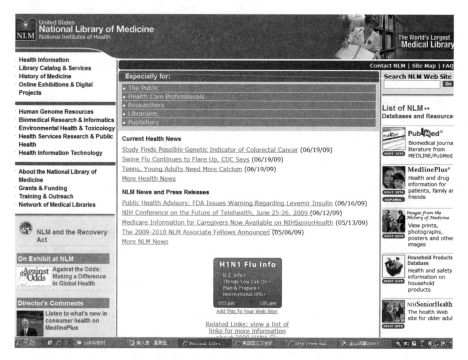

图 7-2-1 美国国立医学图书馆

一、卫生信息(Health Information)

MedlinePlus MedlinePlus 由 NLM 的参考咨询部(Reference Section)开发研制,是向大众和医务人员提供医药卫生知识和信息的事实型数据库。提供卫生专题、医学百科全书、药物信息、词典,新闻、医生和医院名录等信息。

ClinicalTrials. gov(临床试验数据库)。

NIHSenior Health(老年卫生)NIH 的"老年卫生"网站由美国国立衰老研究所(National Institute of Aging)和 NLM 合作开发,为方便老年读者,网站具有文本朗读播音(Speech On)和字体放大(Text Size +)等功能。

Tox Town Tox Town 用图像、文字、声音、动画等形式传授化合物、环境与人体健康之间关系的知识。具体内容有:日常生活中在哪里会接触到有毒化合物,环境如何对人体健康产生影响,对人体经常接触的化合物的通俗介绍,因特网上有关的化合物信息和环境卫生专题信息的链接等。本栏目属于科普读物,适用于大众阅读。若是用于有毒化合物的专业研究,应检索 TOXNET 中的相关数据库。

Household Products Database(家用产品数据库)供查询 5 000 多种家用产品对人体健康作用的信息,目的在于指导大众安全地使用这些产品,防止对健康造成伤害。

Genetics Home Reference(GHR):GHR 是向大众提供遗传病知识和基因知识的网站。主要内容有:①各种遗传病介绍;②各种基因介绍;③各种染色体介绍;④遗传学知识,包括基因检测、基因治疗、人类基因组工程等;⑤供查询遗传学和医学术语定义的词汇表。

MEDLINE/PubMed-Biomedical Journal Literature:收录 4 600 种生物医学期刊中的

论文与摘要。

AIDSinfo(艾滋病信息库):由美国卫生与人类服务部(DHHS)组织研发,主要提供艾滋病研究、临床试验、预防和治疗等信息。该信息库由以前的 The AIDS Clinical Trials Information Service(ACTIS)和 The HIV AIDS Treatment Information Service(ATIS)合并而成。

二、Library Catalogs & Services(NLM 目录与服务)

提供 NLM 馆藏图书、期刊、视听资料目录查询系统,以及参考咨询服务和其他服务等。

三、History of Medicine(医学史)

供检索 NLM 馆藏的医学史及相关科学史的有关信息。供查询的医学史文献的载体有图书、期刊、档案、手稿、照片、胶卷、像带、数字化资源等。

四、Human Genome Resources(人类基因组资源)

汇集了生物信息学资源的链接,包括基因知识、基因数据库、序列数据库、基因图谱、细胞遗传学和比较基因学等信息。(见第九章"生物信息学资源检索")

五、Biomedical Research & Informatics(生物医学研究和生物医学信息学)

PubMed 网上免费使用数据库(见第二章第二节)。

PubMed Central(PMC)提供 130 多种电子期刊全文,是 PubMed 中免费资源的来源。

NLM Gateway NLM Gateway 是个跨库检索系统,可同时检索 NLM 内的多个数据库。直接进入 NLM Gateway 的网址是 http://gateway.nlm.nih.gov。

Computational Molecular Biology(计算机分子生物学)链接至 NCBI(国家生物技术信息中心。

Visible Human Project(可视人计划)通过 CT、MR 和冰冻切片,详细记录了正常男女人体三维解剖图谱的数据库。

Unified Medical Language System(UMLS,一体化医学语言系统)可获得 UMLS 介绍及其资源(Metathesaurus、Semantic Network、SPECIALIST Lexicon and lexical programs；MetamorphoSys),通过签订 UMLS 许可协议和免费注册进入 UMLS 知识源服务器(Knowledge Source Server)获取 Metathesaurus、Semantic Network、SPECIALIST Lexicon 中的信息。

六、Environmental Health & Toxicology (环境卫生与毒理学)

TOXNET(Toxicology Data Network):提供了 14 种环境卫生与毒理学相关的数据库主要有:

ChemIDplus:包含 37 万多条记录的化学物质词典,其中 20 万种化学物质有化学结构图。

HSDB(Hazardous Substanccs Data Bank):提供潜在的有害化学物质毒理学方面信息

的事实性数据库,涉及人和动物对有害物质的接触、工业卫生、急救处理方法、环境灾难、控制条件等,含5 000多条记录。

TOXLINE(TOXicology information onLINE):又名Toxicology Bibliographic Information,是报道药物和其他化学物质的生物医学、药理学、生理学、毒理学效应的书目数据库,含文献记录300余万条,是进行毒理学和环境卫生研究的重要参考信息源。TOXLINE分有TOXLINE Special和TOXLINE Core on PubMed两部分。前者来源于几种专业期刊,技术报告和特定研究项目的档案资料;后者取材于PubMed收录的期刊,即对应于PubMed中的Toxicology子集(subset)。

CCRIS(Chemical Carcinogenesis Research Information System):提供8 000多种化学物质对致癌、致突变、促进或抑制肿瘤生长的试验结果的事实型数据库。

DART/ETIC(Developmental and Reproductive Toxicology/Environmental Teratology Information Center):提供畸形学、发育与生殖毒理学方面信息的书目数据库,含记录10余万条。

GENE-TOX(Genetic Toxicology):提供3 000多种化学物质遗传毒理学试验数据的事实型数据库。

IRIS(Integrated Risk Information System):提供500多种化学物质的危害鉴定和剂量反应评估信息。

ITER(International Toxicity Estimates for Risk):含600多种有毒化学物质危害鉴别和剂量反应评估信息,数据由美国、加拿大、荷兰的研究机构和一些独立研究机构提供。

LactMed(Drugs and Lactation Database):哺乳期母亲可能接触的药物数据库

Multi-Database:提供HSDB、IRIS、CCRIS、GENE-TOX、ITER、LactMed多个数据库中检索。

TRI(Toxics Release Inventory,有毒化学物质排放目录):包括对环境有毒化学物质每年估计的排放量,有毒物质排放于空气、水域、陆地和地下情况,废物处理方法和效率,资源减少与回收等信息。

Haz-Map:提供查询危害物质、职业病和高风险工种的职业卫生数据库。

Household Products:提供家用产品卫生与安全信息的数据库。

TOXMAP:用地图反映美国各地有毒化合物的排放情况。数据来源于Toxics Release Inventory(TRI)、Hazardous Substances Databank(HSDB)、TOXLINE等。

七、Health Services Research & Public Health(卫生服务研究和公共卫生)

提供合作项目、数据库、2010年人类健康计划有关的主题获取、成果和培训、出版物等相关信息。

第三节 美国国立癌症研究所

美国国立癌症研究所(National Cancer Institute,NCI)是NIH的下属研究机构,处于全美肿瘤学研究的前沿。创建于1937年。其主页提供:癌症专题、临床试验、统计数据、研究经费申请、研究新闻,以及反映各种特定癌症最新研究成果和癌症临床试验信息数据库 PDQ。现重点介绍其中的"医生数据咨询库"(图 7—3—1)。

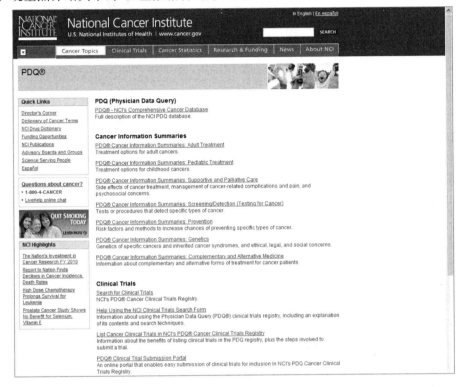

图 7—3—1 医生数据咨询库页面

医生数据咨询库(Physician Data Query,PDQ;http://www.cancer.gov/cancertopics/pdq)是一个全面实用的癌症事实型数据库,数据库由以下三部分组成:

Cancer Information Summaries(癌症信息概要):癌症信息概要类似于综述文献,其原始材料来源于 70 多种生物医学期刊,由 6 个专家编辑组①adult treatment,②pediatric treatment,③supportive and Palliative Care,screening/Detection(testing for cancer),④prevention,⑤genetics,⑥complementary and alternative medicine 每月根据癌症最新研究进展对原有的概要进行审阅,必要时加以修改更新。概要描述了特定癌症的成人治疗、小儿治疗、支持疗法、普查检测、预防、遗传学、替代医学治疗的 7 个方面。检索时,先选择其中之一,再按字母顺序选择特定的癌症。点击"patient",可获得用非专业语言写成的供病人阅读的概要;点击"health Professional",可获得用专业术语写成的供专家阅读的概要。后者语言规范,并列出参考文献。

Clinical Trials(临床试验)(图 7—3—2):是全世界最全面的癌症临床试验数据库,内容涉及癌症的治疗、支持疗法、普查、预防、遗传学、诊断、生物标记/实验室分析、组织采集与保存和方法进展。该库的检索选项有癌症类型,癌症病期,实验类型有治疗、普查、遗传、支持疗法、预防和诊断等。

Cancer Genetics Services:提供癌症遗传服务专业人员的名录。

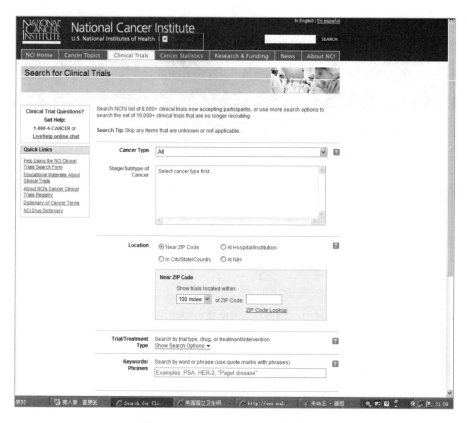

图 7-3-2 Clinical Trials 检索页面

第四节 世界卫生组织

世界卫生组织(World Health Organization,http://www.who.int/)是联合国系统内负责卫生问题的指导和协调机构。它负责对全球卫生事务提供领导,拟定卫生研究议程,制定规范和标准,阐明以证据为基础的政策方案,向各国提供技术支持,以及监测和评估卫生趋势。21世纪中,卫生是一项共同责任,涉及公平获得基本保健和集体防范跨越国界的威胁。它于1948年4月7日建立。按照其《组织法》的规定,世界卫生组织之宗旨在求各民族企达卫生之最高可能水准。世界卫生组织《组织法》对健康的定义是,健康不仅为疾病或羸弱之消除,而系体格,精神与社会之完全健康状态。

世界卫生组织由192个会员国通过世界卫生大会进行管理。卫生大会由世界卫生组织会员国的代表组成。世界卫生大会的主要任务是批准世界卫生组织的规划和随后一个双年度的预算并就重大政策问题做出决定。

WHO主页上设有阿拉伯文、中文、英文、法文、俄文和西班牙文6种文字的版本。

WHO主页上的专栏有:国家、健康主题、出版物、数据和统计数字、规划和项目等(图7-4-1)。

图7-4-1 世界卫生组织主页(中文版)

一、国家

列出192个世界卫生组织成员国的国名。通过国家名链接,可以获得各国的人口总数、出生预期寿命、出生预期健康寿命、儿童和成年人死亡率、人均卫生总支出、卫生总支出占GDP、人力资源、卫生状况、疾病爆发、疫苗接种等信息。

二、健康主题

按字母顺序列出了120多个卫生专题。各专题的网页含有按卫生和发展主题组织的与世卫组织项目、行动、活动、信息产品以及联系人和合作伙伴的链接。

三、出版物

内容有网上书店(Book Shop)、WHO电子期刊。

网上书店:提供在线信息产品目录、出版物新闻、最新出版物、每月一书、目录、订阅信息和购书卡等。

WHO电子期刊:

世界卫生组织通报:创刊至今已有50多年,月刊,以公共卫生领域研究发现和相关卫生政策讨论为报道重点,目的是以可得的最佳证据为基础提供公共卫生政策和实践指导,同时也鼓励科学调查与帮助人口更健康生活的技能之间更密切联系,是一份很有影响的国际性公共卫生杂志。

东地中海卫生杂志:旨在成为就一系列不同医学主题发表研究论文和介绍特别关于东

地中海区域公共卫生方面新活动的一个论坛。

泛美公共卫生杂志：传播与西半球卫生问题有关的有独创性研究结果。提交给同行严格审评的文章是在其从科学和技术方面进一步了解疾病的能力以及预防它们的最佳办法的基础上选定的。

疫情周报：在过去70多年里，疫情周报已成为整理和传播在全球疾病监测方面有用的流行病学数据的一个不可或缺的手段。重点是已知威胁国际卫生的疾病或危险因素。

世界卫生报告：每年的世界卫生报告对全球卫生进行新的内行的审视，注重于一个特定主题，同时评估当前全球状况。2002年起，世界卫生报告有英、汉、法、俄、阿拉伯、西班牙6种语言的版本。

世界卫生组织药物信息：于1987年创办，传播由世卫组织形成和发表的或由全世界研究和管制机构发送给世卫组织的药物信息。该杂志还包括定期介绍新提出和建议的国际药用物质非专利名称。

四、数据和统计数字

(一)数据库

世界卫生组织统计信息系统（WHOSIS）：提供关于死亡率、发病率、高危因素、服务普及率和卫生系统的50项核心指标的国家统计数字。

世卫组织在线全球信息库：提供世卫组织所有会员国关于慢性病及其高危因素的数据。

全球卫生地图集：提供国家、区域和全球级传染病标准化数据和统计数字

区域统计数字：提供来自世卫组织区域办事处的统计信息。

(二)分类数据

死亡率和健康状况：包括疾病负担、死因、期望寿命和死亡率数据。

高危因素：包括酒精、儿童营养不良、体重过重和肥胖症、烟草、水和环境卫生数据。

疾病：包括糖尿病、艾滋病毒/艾滋病、结核数据。

卫生系统：包括卫生筹资、卫生人力数据。

服务普及率：包括儿童卫生、免疫、孕产妇和新生儿保健。

(五)规划和项目

是以中文提供的有关世卫组织规划和项目的站点。如需获取有关公共卫生主题的信息（例如疾病）。

第五节　美国疾病控制与预防中心

美国疾病控制与预防中心（The Centers for Disease Control and prevention,CDC；http://www.cdc.gov）隶属于美国卫生与人类服务部（DHHS）。CDC是保障美国公民健康和安全的国家权威机构，其使命是通过对疾病、损伤、残疾的预防和控制来促进健康和生命质量。

CDC 主页上的栏目有:健康与安全专题、出版物与产品、数据与统计、新闻室、卫生专题 A－Z、CDC 下属机构链接等。以下简介其中的若干重要栏目(如图 7－5－1)。

图 7－5－1 美国疾病控制与预防中心主页

Health & Safety Topics(健康与安全专题):有 diseases & conditions(病症)、Emergency Preparedness & Response(紧急预案与响应)、Environmental Health(环境卫生)、Life Stages & populations(生命阶段和人口)、Health Living(健康的生活方式)、injury,violence & Safety(损伤,暴力与安全)、Travelers' Health(旅行健康)、Workplace Safety & Health(工地安全与卫生)8 个一级专题。每个一级专题下又细分为若干个小专题。

Data & Statistics(数据与统计):本栏目集中了 CDC 收集的美国国内大量卫生统计数据。这些数据来源于出生记录与死亡记录、医疗病史、体格检查、实验室试验、调查统计等。

Publications(出版物):供阅读和下载 CDC 下属机构和其他一些卫生机构提供的出版物、软件等信息资源。还可以读到以下 3 种电子期刊的全文:Emerging Infectious Diseases Journal,MMWR(Morbidity & Mortality Weekly Report),Preventing Chronic Disease Journal。其中 MMWR 属于政府出版物,每周五出版,报道由美国各州卫生部门上报的各类疾病的最新数据,包括传染病、慢性病、环境危害、自然灾害与人为灾害、职业病、损伤等方面的报告。

CDC Wonder:提供统一的检索界面供检索 CDC 网上几乎所有的卫生报告、各种疾病与损伤的统计数据库、CDC 刊物上的文献、健康推荐与指南,以及与卫生专题相关的信息资源。

第六节 国内医学网站

一、国家科技图书文献中心(http://www.nstl.gov.cn)

国家科技图书文献中心是依据国务院批示于2000年6月12日组建的一个虚拟的科技信息资源机构。根据国家发展需要,收藏和开发理、工、农、医各学科领域的科技文献信息资源,面向全国开展文献信息服务。

该网站提供:文献检索、全文检索、目次浏览、目录查询、热点门户、网络导航、参考咨询等栏目。

文献检索:提供期刊论文、会议文献、学位论文、科技报告;专利文献;标准文献、计量检定规程等检索;

全文检索:报道NSTL订购的国外网络版期刊和中文电子图书、网上免费获取期刊、NSTL拟订购的网络版期刊试用和NSTL研究报告。可免费注册成为用户,获取全文需付费。

目录浏览:提供外文科技期刊的目次(Current Contents)浏览服务,报道内容均为国家科技图书文献中心各单位收藏的各文种期刊。

目录查询:主要收录西文期刊、西文会议和西文图书。该库可及时反映成员单位文献到馆状况,揭示文献的详细编目信息。通过期刊登到信息可直接浏览该卷期的目次页,进而可进行文摘信息查询。馆藏目录是由NSTL成员单位共建并实时更新的联机联合编目数据库。

热点门户:是国家科技图书文献中心组织建设的一个网络信息资源门户类服务栏目,其目标是针对当前国内外普遍关注的科技热点问题,搜集、选择、整理、描述和揭示互联网上与之相关的文献资源、机构信息、动态与新闻,以及专业搜索引擎等,面向广大用户提供国内外主要科技机构和科技信息机构的网站介绍与导航服务,帮助用户从总体上把握各科技热点领域的发展现状、资源特色与信息获取途径。

网络导航:提供国内外主要科技机构和科技信息机构的网站介绍及导航。本栏目广泛搜集、整理了有代表性的研究机构、大学、学会、协会以及公司的网站资源,并对这些网站进行了有组织的揭示,目的在于帮助用户从总体上把握各学科领域科技机构和科技信息机构的发展现状、资源特色和资源获取途径。

参考咨询:包括实时咨询与非实时咨询两种服务方式,其主要目的是协助用户解决在查询利用科技文献过程中遇到的问题。

二、中国高等教育文献保障系统(http://www.calis.edu.cn)

中国高等教育文献保障系统(China Academic Library & Information System,简称CALIS),是经国务院批准的我国高等教育"211工程""九五""十五"总体规划中三个公共服务体系之一。CALIS的宗旨是,在教育部的领导下,把国家的投资、现代图书馆理念、先进的技术手段、高校丰富的文献资源和人力资源整合起来,建设以中国高等教育数字图书馆为核心的教育文献联合保障体系,实现信息资源共建、共知、共享,以发挥最大的社会效益和经济效益,为中国的高等教育服务。

CALIS建设了文理、工程、农学、医学四个全国文献信息中心,发展了152个高校成员馆,建立了一系列国内外文献数据库,包括联合目录数据库、中文现刊目次库等自建数据库和引进的国外数据库,开展了公共目录查询、信息检索、馆际互借、文献传递、网络导航等网络化、数字化文献信息服务。

三、中华人民共和国卫生部(http://www.moh.gov.cn/)

侧重于卫生事业管理信息,是获取我国卫生事业方面法律法规、政策、统计信息的主要信息源。网站的主要栏目有:新闻中心、机构职能、政策法规、规划计划、行政许可、卫生标准、卫生统计、工作动态和通知公报。以下简介3个栏目。

正常法规:公布由卫生部等政府部门颁布的法律、法规、规章和规范性文件等,内容涉及医政管理、疾病控制、卫生应急、卫生执法监督、妇幼与社区、爱国卫生、科技教育等方面。

规划计划:包括中长期规划、专项工作规划、年度要点和专项工作预案。

行政许可:包括最新审批决定、卫生许可目录、行政许可项目、其他审批、结果查询和在线办理。

卫生标准:提供1 000多条卫生标准信息供显示、智能速查。

统计信息:提供我国卫生统计数据,如"2009年中国卫生统计提要","2008年中国卫生事业发展统计公报"等。

四、中国医学生物信息网(http://cmbi.bjmu.edu.cn)

中国医学生物信息网(CMBI)是由北京大学心血管研究所、北京大学人类疾病基因研究中心和北京大学医学部信息中心协作、赞助和开发的,综合性、非商业化、非盈利性医学生物信息网。目的在于结合我国实际情况,全面、系统、严格和有重点地搜集、整理国际医学和生物学的研究信息,加以分析、综合,为我国医学和生物学的教学、科研、医疗和生物高技术产业的开发提供高质量的免费信息服务。

CMBI专栏:医学新闻、最新文献、特别报道、专题网页、今日临床、数据库、相关信息(生物医学杂志、中国医学机构、国际医学研究机构等)等。该网站的优势之一是可以读到较多的全文。

五、中国疾病预防与控制中心(http://www.chinacdc.net.cn)

中国疾病预防控制中心,是由政府举办的实施国家级疾病预防控制与公共卫生技术管理和服务的公益事业单位。其使命是通过对疾病、残疾和伤害的预防控制,创造健康环境,维护社会稳定,保障国家安全,促进人民健康;其宗旨是以科研为依托、以人才为根本、以疾控为中心。在卫生部领导下,发挥技术管理及技术服务职能,围绕国家疾病预防控制重点任务,加强对疾病预防控制策略与措施的研究,做好各类疾病预防控制工作规划的组织实施;开展食品安全、职业安全、健康相关产品安全、放射卫生、环境卫生、妇女儿童保健等各项公共卫生业务管理工作,大力开展应用性科学研究,加强对全国疾病预防控制和公共卫生服务的技术指导、培训和质量控制,在防病、应急、公共卫生信息能力的建设等方面发挥作用。

六、37c 医学网（http://www.37c.com.cn）

由第四军医大学和西安长城网络科技有限公司合作建立的一个专业性、学术性的大型医学综合性网站。该网站资源丰富，提供各类国内外最新的医学动态信息，内容丰富的医学资料文献，还设有医学资讯、专为在职医务人员提供的继续教育、医学专题、涵盖临床各学科的网站导航快速通道及医学图库等内容，用户经免费注册后还可浏览部分中文医学期刊的论著全文。

七、中国医药信息网（http://www.cpi.ac.cn/）

由国家食品药品监督管理局信息中心建设，该网站的数据库和信息涵盖药品监督管理以及药品、医疗器械、药学文献、医药专利、医药进出口、医药包装，国内国际医药经贸、科研教育、医药企业和产品等各个方面。

八、其他国内常用医药卫生信息网站网址

中华医学会(http://www.cma.org.cn)
中华人民共和国国家中医药管理局(http://www.satcm.gov.cn)
中国中医科学院中医药信息研究所(http://www.cintcm.ac.cn)
医学信息研究所－图书馆(http://www.library.imicams.ac.cn/)
上海医科大学图书馆（现复旦大学医学图书馆）(http://202.120.76.225)
医学空间(http://www.medcyber.com)

（余　鸣）

参考文献

1. 余鸣主编.医学文献检索(修订版),合肥:安徽大学出版社,2002。
2. 余鸣主编.医学信息检索与利用,合肥:安徽大学出版社,2006。
3. 方平主编.医学文献信息检索,北京:人民卫生出版社,2005。
4. 夏知平主编.医学信息检索与利用(第三版),上海:复旦大学出版社,2004。
5. 高岚主编.网络医学信息资源检索,北京:化学工业出版社,2005。
6. 郭继军主编.医学文献检索(第3版),北京:人民卫生出版社,2008。
7. 李晓玲主编.医学信息检索与利用,上海:上海医科大学出版社,2001。
8. 张鸣明等主编.Cochrane 协作网及 Cochrane 图书馆,北京:科学出版社,2002。